101 TRUCS ET CONSEILS

Votre CHIEN

101 TRUCS ET CONSEILS

Votre CHIEN

EDITIONS FONTAINE

36, rue Fontaine – 75009 PARIS

Un livre de Dorling Kindersley

Première édition en Grande-Bretagne en 1996 par
Dorling Kindersley Limited
9, Henrietta Street, Londres

Dépôt légal : Mars 1996
Traduction : Jean-Luc Dumont - Agence 3i
Adaptation : Colette Carrière
Composition, mise en page : Studio Michel PLUVINAGE
Imprimé en Italie

ISBN 2 9106 3556 2

EDITIONS FONTAINE

36, rue Fontaine - 75009 Paris
Tél. (1) 49 70 15 55

101 TRUCS ET CONSEILS

PAGES 28 à 32

Apprentissages Essentiels

PAGES 33 à 43

L'Entretien et le Toilettage

PAGES 44 à 57

Le Dressage

Comment Choisir son Chien

1 Pourquoi avoir un chien ?

Avoir un chien pour animal familier est une vraie joie. Plus qu'une compagnie et une bonne motivation pour faire de l'exercice, ce merveilleux compagnon de jeu trouvera parfaitement sa place au sein de la famille. Mais avoir un chien, c'est aussi accepter des responsabilités pour de nombreuses années. Il convient donc de bien réfléchir à un tel engagement et à ce qu'il implique. Par exemple, avez-vous le temps de l'emmener promener tous les jours ? Êtes-vous disposé à ramasser ses crottes ? Êtes-vous conscient du coût à long terme que représentent la nourriture, les soins vétérinaires et éventuellement les frais de chenil ?

Le Golden-Retriever se prête bien au dressage et est très vif mais il a besoin de beaucoup d'exercice.

△ L'Animal Familier
Dans un foyer, le chien offre une compagnie et une affection constantes.

Les chiens de concours sont jugés suivant des critères de race très stricts.

Les Colleys sont des animaux familiers très affectueux.

◁ Le Chien de Concours
Vous voulez que votre chien participe à des compétitions ? Cela peut vite devenir une occupation très prenante car le chien doit être impeccablement toiletté et parfaitement dressé. Ses vaccinations doivent être tenues à jour.

Les chiens de travail, dont les Labradors, ont besoin de plus d'exercice (et d'une alimentation plus copieuse) que les chiens de compagnie.

Les Chihuahuas sont tout petits mais robustes et très joueurs.

△ LES PETITS CHIENS D'APPARTEMENT

Les petits chiens d'appartement peuvent être d'un grand réconfort mais ils ont besoin de se dépenser plus qu'on ne le pense. Ce sont, en effet, des races très actives. Leur taille en fait des chiens moins chers à nourrir.

△ LE CHIEN DE TRAVAIL

Avez-vous besoin d'un chien spécialement dressé pour aider une personne – vous-même ou un parent – handicapée physiquement ? Les chiens de travail sont très intelligents et aiment rendre service.

LE CHIEN DE GARDE ▷

Les races comme le Rottweiler fournissent protection et sécurité. Mais, pour être propriétaire d'un tel chien, mieux vaut avoir une bonne expérience du dressage et connaître la législation les concernant.

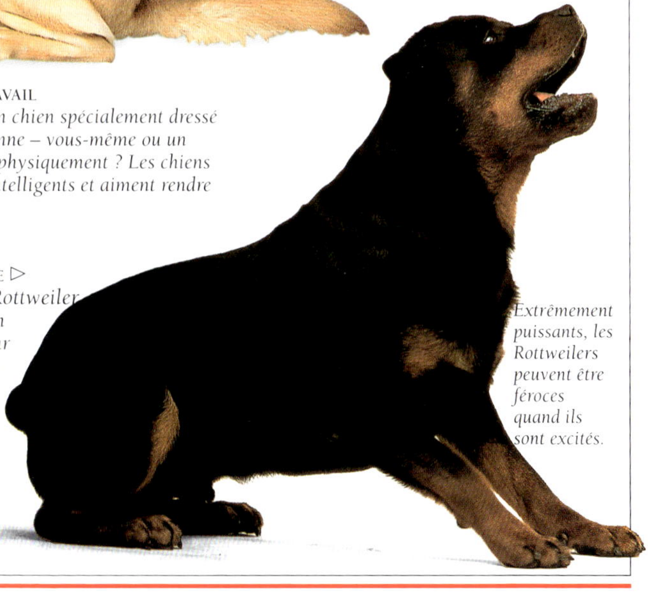

Extrêmement puissants, les Rottweilers peuvent être féroces quand ils sont excités.

2 ACHETER UN CHIEN AVEC UN PEDIGREE

Les chiens de race pure ont, tout comme les voitures, des papiers officiels. Il existe également toute une documentation quant à leur taille, leur alimentation et leurs besoins en dépense physique. Achetez un chien avec un pedigree chez un éleveur accrédité et vérifiez qu'il a bien un certificat d'origine et que son carnet de vaccination est à jour.

S'INFORMER POUR ÉVITER LES SURPRISES
Renseignez-vous bien avant d'acheter un pure race comme ce Basenji.

Les croisés ont souvent un tempérament joyeux.

△ LE CROISÉ
Il est peu probable qu'un croisé, tel que ce croisement de Jack Russell et de Border Terrier, présente en grandissant les défauts de santé et de caractère qui sont associés à ses parents de pure race.

3 UN CROISÉ OU UN BÂTARD ?

Si vous ne pouvez pas vous offrir un chien de pure race, vous avez le choix entre un sang-croisé et un bâtard. Comme son nom l'indique, un croisé est le résultat du croisement de deux chiens de pure race. Souvent, il ne conserve de ce croisement que les bons traits des deux races. Les bâtards sont plus éloignés des chiens de race pure ; la diversité de leurs antécédents génétiques fait qu'ils sont moins sujets aux maladies et aux tares que les chiens de pure race.

◁ LE BÂTARD
Il est parfois bien difficile de déterminer la taille qu'un chiot bâtard atteindra à l'âge adulte puisque ses ascendants sont très différents.

4 LE PELAGE

La nature du pelage est un facteur essentiel dans le choix du chien. Le pelage de certains chiens nécessite un toilettage quotidien. Pour d'autres, c'est un bain quotidien – ce qui peut s'avérer une véritable corvée, autant que d'avoir à enlever les poils de chien dans toute la maison.

◁ LE POIL LONG ET SOYEUX
Le pelage des chiens à poils longs, comme le Lévrier afghan, doit être peigné quotidiennement, taillé régulièrement.

△ LE POIL RAS
Les pelages à poils lisses et ras sont les plus faciles à entretenir. Par exemple, pour le Doberman, un brossage par semaine suffit.

◁ LE POIL BOUCLÉ
Les chiens à poils bouclés qui ne muent pas, comme le Blue-Terrier du Kerry, doivent être tondus tous les deux mois.

△ LE POIL RAIDE
Les poils raides et drus d'un Airedale nécessitent d'être étrillés ou tondus régulièrement.

5 QUEL SEXE CHOISIR ?

Le choix n'est pas simple, mais sachez que :

- Les jeunes mâles non castrés peuvent être « empoisonnants » pendant leurs moments d'hypersexualité.
- Les femelles sont en chaleur deux fois par an ; une vigilance particulière est alors nécessaire.
- Quand on est propriétaire d'une chienne, il faut s'attendre à des grossesses non désirées et avoir l'œil sur les mâles du voisinage.

6 Examen du chiot

Quand on prend un chien, c'est pour toute sa vie. Choisir un chiot, c'est être prêt à partager les quatorze années qui suivent avec votre animal favori. Ne prenez pas de chiot âgé de moins de huit semaines.

△ Soulevez-le pour l'Examiner

Un chiot en bonne santé est content qu'on le soulève. Il doit sembler plus ferme et plus lourd que ce à quoi vous vous attendiez. S'il est détendu quand vous le prenez dans les mains, ce sera probablement un chien facile à vivre à l'âge adulte. Observez le comportement du chiot au milieu de la portée ; c'est la meilleure façon de se faire une idée de son tempérament.

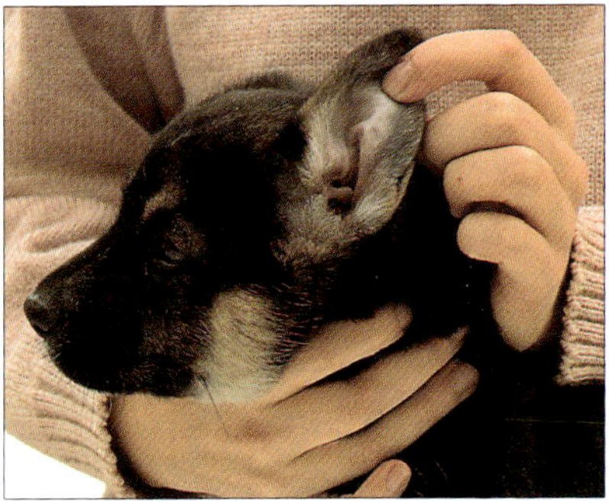

1 Soulevez le pavillon des oreilles pour voir si elles sont bien roses à l'intérieur, sans odeur désagréable ni écoulement séché ou cireux. De tels écoulements ou traces peuvent indiquer la présence de parasites dans les oreilles. Vérifiez que les pavillons pendent symétriquement. Il est normal que le chien secoue la tête ou les oreilles, en particulier au réveil.

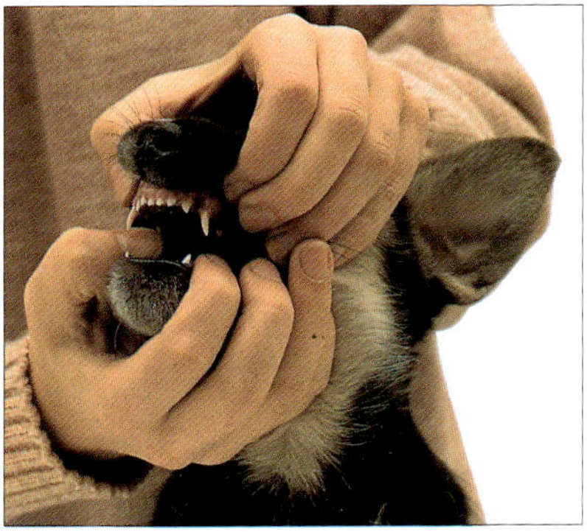

3 Pour inspecter les dents et les gencives, écartez légèrement les babines. Vérifiez que les gencives et la langue sont bien roses (ou tachetées de pigmentations noires) et sans odeur. Les gencives doivent présenter un bord net. Pour la plupart des races (le Boxer étant une exception), les dents avant des deux mâchoires doivent se fermer en ciseaux parfaits.

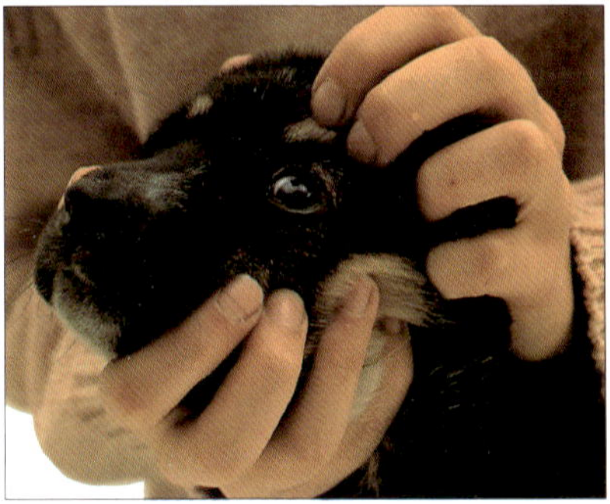

2 Maintenez sa tête immobile et assurez-vous que les yeux sont sains, brillants, sans aucun écoulement. La pigmentation doit être nette. Il ne doit y avoir ni rougeur, ni inflammation, ce que pourraient indiquer des traces sur les poils entourant les yeux. Un chiot qui se frotte les yeux avec les pattes peut souffrir d'une irritation.

LA FOURRURE D'UN CHIOT DOIT ÊTRE LUISANTE

4 Examinez sa peau pour voir si elle est huileuse ou squameuse et assurez-vous qu'il n'y a aucune irritation ni grosseur. Les poils doivent être résistants et ne pas se détacher quand vous caressez le chien (une fourrure saine et luisante et les poils ne tombent qu'au moment de la mue). Passez les mains en profondeur dans le pelage pour détecter toute dermatose ou parasite de peau.

5 La zone anale sous la queue doit être propre et sèche. Il ne doit y avoir aucune inflammation ni traces de diarrhée ou d'excréments séchés, ni d'écoulements des parties génitales. Si le chien se traîne sur son postérieur ou se lèche excessivement, ce peut être le signe d'une irritation due au blocage des glandes anales.

7 TESTER LE CHIEN AVANT L'ACHAT

Si vous avez décidé d'acheter un chien adulte, âgé de plus de six mois, ne vous fiez pas seulement aux apparences. Avant de vous décider, testez son caractère en vérifiant son aptitude à obéir et à exécuter les ordres donnés. Assurez-vous qu'il se laisse toucher, qu'il n'a pas peur de votre main, ne montre aucun signe de nervosité et qu'il n'aboie pas à la moindre occasion.

ÉVALUER SA RÉACTION AU DRESSASGE
Le chien s'asseoit-il quand on le lui commande ? S'il refuse, appuyez sur sa croupe pour le faire s'asseoir et voir comment il réagira alors à votre voix et à votre présence.

8 OÙ L'ACHETER ?

Demandez conseil à votre vétérinaire. Les refuges pour animaux sont une autre possibilité, mais le chien que vous y trouverez peut avoir besoin de temps pour s'adapter. Consultez également votre journal local.

9 L'IDENTITÉ DU CHIEN

Dans la plupart des pays, la loi exige que vous attachiez une marque d'identification au collier de votre chien.

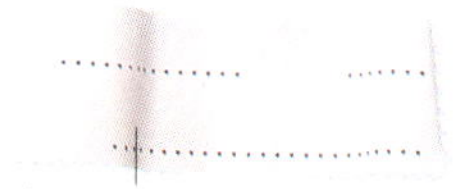

Renseignements

TUBE
Les renseignements sont inscrits sur un papier roulé à l'intérieur du tube.

MÉDAILLE
Pratique et conçue pour durer.

10 EXAMEN VÉTÉRINAIRE

Demandez à des amis qui possèdent un chien de vous indiquer un vétérinaire. Prenez rendez-vous pour lui parler des vaccins, de l'alimentation et de son suivi.

EXAMEN ANNUEL

TENIR SON CHIEN

11 PORTER UN CHIOT

Votre chiot ou votre petit chien doit être habitué à ce que vous le souleviez pour le porter. Commencez par le rassurer, surtout s'il s'agit d'un petit chien, avant de le soulever. Essayez de tenir l'animal fermement, mais confortablement, et empêchez-le de se tortiller ou d'agiter les pattes. La manière de porter indiquée ci-contre l'empêchera également de sauter.

POUR BIEN TENIR UN PETIT CHIEN
Placez une main sous les pattes avant et le poitrail du chiot ou petit chien. Placez l'autre main autour des pattes arrière et de la croupe pour assurer une prise ferme. Soulevez votre chien dans cette position.

LE CHIOT SE SENT BIEN, EN SÉCURITÉ

12 SOULEVER UN GROS CHIEN

Il arrive que l'on ait à soulever de gros chiens ; mieux vaut les y habituer dès leur plus jeune âge. Commencez toujours par parler à votre chien pour le rassurer avant d'essayer de le soulever. Muselez-le si vous avez la moindre inquiétude sur sa réaction. Passez un bras autour du poitrail du chien et de ses pattes avant, l'autre autour de sa croupe, puis soulevez-le.

1 Fléchissez les genoux, serrez le chien contre votre poitrine et redressez-vous.

2 Soulevez-le avec fermeté en tenant votre dos bien droit. Posez-le au sol s'il panique.

13 LE CHOIX DU COLLIER

Les colliers peuvent être en cuir, en corde ou en Nylon tressé à la fois résistant et souple. Attachez une médaille d'identité au collier. Les chiots peuvent porter un collier à partir de huit semaines, mais sous surveillance, au début.

△ GRAND COLLIER RÉGLABLE

▽ COLLIER SEMI-ÉTRANGLEUR

△ COLLIER RÉGLABLE MOYEN

△ COLLIER AJUSTABLE

△ COLLIER ÉTRANGLEUR

△ PETIT COLLIER À BOUCLE EN CUIR ET NYLON

▷ COLLIER RÉFLECTEUR

▷ COLLIER EN CUIR ET NYLON

14 METTRE UN COLLIER

Un chiot ne doit porter son premier collier que par courtes périodes chaque jour, pour s'y habituer. Retirez le collier quand vous ne pouvez pas surveiller le chiot. Au fur et à mesure que le chien grandit, vérifiez que la taille du collier reste appropriée ; changez-le si nécessaire.

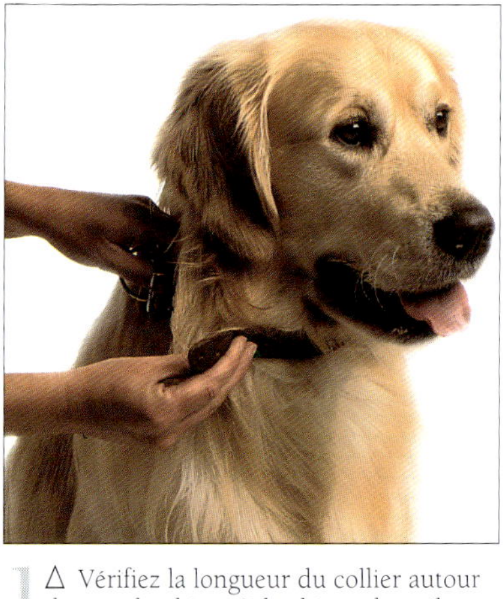

1 △ Vérifiez la longueur du collier autour du cou du chien. Si le chien a le poil long, assurez-vous que le collier ne « pince » pas la fourrure du chien.

2 ▷ Vous devez pouvoir passer deux doigts sous le collier de votre chien. Il ne pourra pas passer la tête hors du collier s'il tire en arrière sur sa laisse, mais vous pourrez le lui enlever rapidement.

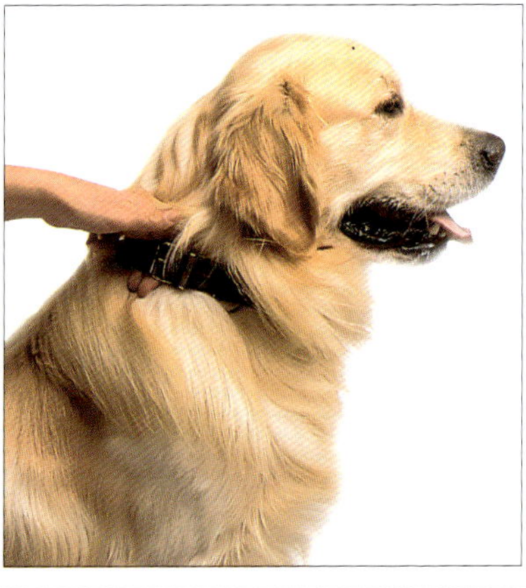

15 CHOISIR LA LAISSE

Pour un chiot ou un chien nouvellement acquis, commencez par une longe pour les séances de dressage en extérieur, puis une longue corde légère avec un mousqueton pour le contrôle en intérieur. Achetez également une laisse courte pour les premières promenades et les premiers dressages. N'utilisez pas la laisse pour le punir.

◁ LAISSE EN COTON DE DEUX M

△ LAISSE À ENROULEUR

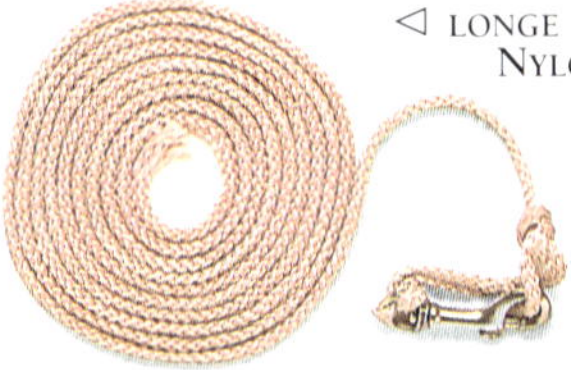
◁ LONGE EN NYLON

◁ LAISSE EN COTON DE SIX M

△ LAISSE EN CUIR STANDARD

16 LICOL ET HARNAIS

Le licol est l'accessoire idéal pour un chien craintif ou au contraire turbulent, ou pour un chien qui a tendance à trop mordiller (*voir p. 31 et 56*). Fait en Nylon résistant, il s'attache au bout d'une laisse par un anneau placé sous la mâchoire du chien. Si celui-ci tire ou fait un écart brusque, son propre élan tirera sa tête vers le bas et fermera ses mâchoires.
Ce système peut remplacer le collier étrangleur.
Le harnais pour petits chiens s'enfile autour du corps et du poitrail. La laisse s'attache sur le dos du chien pour éviter la pression du collier sur le cou.

△ LICOL DE TÊTE

△ ADAPTATEUR POUR LICOL DE TÊTE

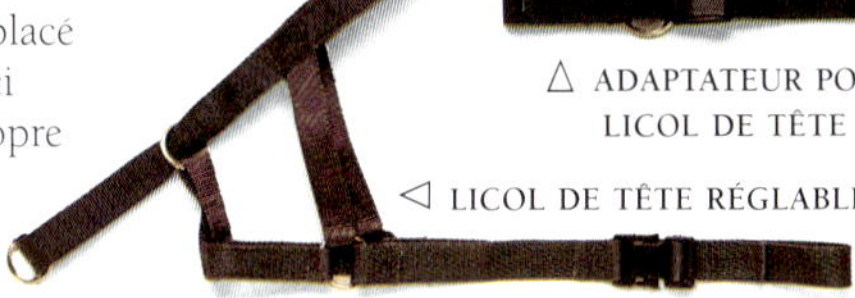
◁ LICOL DE TÊTE RÉGLABLE

△ COLLIER DE TÊTE EN HUIT

HARNAIS POUR CHIEN À PETITE TÊTE

17 METTRE UN LICOL

Un gros chien difficile à contrôler en public sera plus facile à tenir avec un licol.

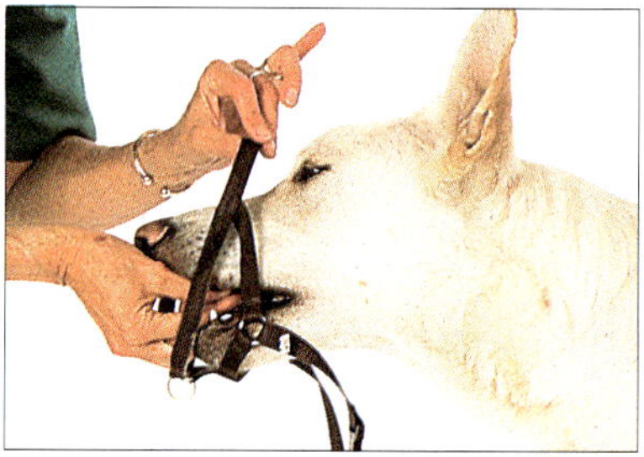

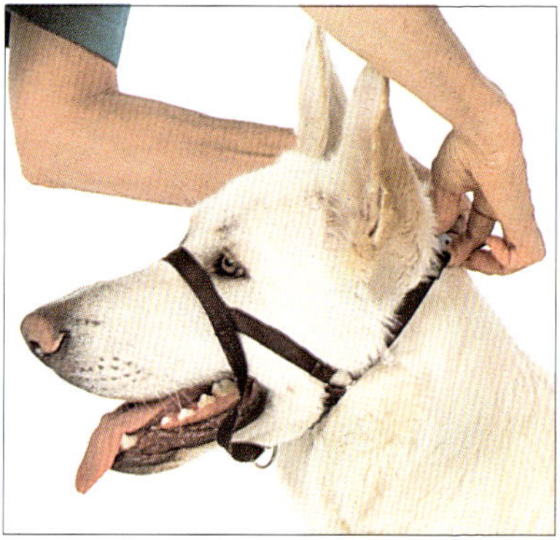

1 Enfilez un licol en Nylon résistant autour de la gueule du chien en plaçant une main sous sa mâchoire pour lui relever la tête.

2 Attachez le licol sur la nuque du chien. Vérifiez qu'il n'est pas trop serré : vous devez pouvoir passer deux doigts en dessous.

18 MUSELER UN CHIEN

Dans les lieux où la loi et le bon sens l'exigent, veillez à mettre une muselière à votre chien.

1 Agenouillez-vous à côté de lui et enfilez la muselière en commençant sous le menton. Tirez délicatement les lanières sur la nuque et bouclez-les.

2 Assurez-vous que la muselière est solidement attachée sans être trop serrée. Le chien doit pouvoir ouvrir la gueule.

19 LE COLLIER ÉTRANGLEUR

Quand vous sortez votre chien dans un lieu public, surtout en présence d'enfants, un collier étrangleur ou un collier semi-étrangleur est idéal pour bien contrôler un chien, surtout pour les races turbulentes aux capacités d'attention limitées.

1 Agrandissez la boucle de la chaîne et passez-la en douceur par-dessus sa tête. Elle doit pendre souplement au cou de votre chien.

COLLIER SEMI-ÉTRANGLEUR
Tirez la laisse vers le haut pour serrer le collier. Cela permet de contrôler fermement un tempérament agressif.

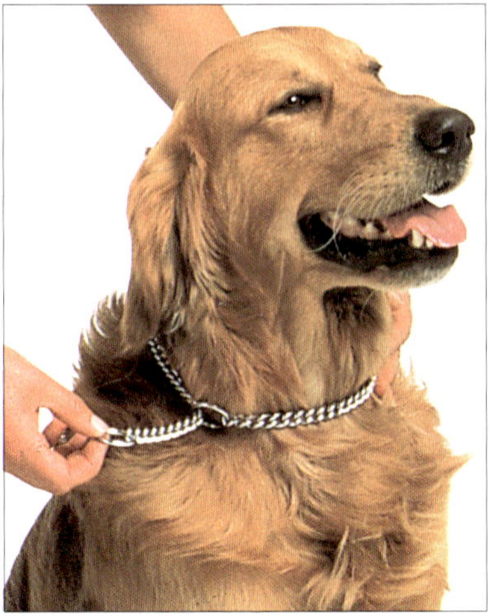

2 S'il est passé correctement, le collier ne se resserre que si l'on tire dessus. Le chien doit toujours marcher du même côté.

POSITION INCORRECTE
Si le collier est mis à l'envers, il sera gênant pour le chien et ne se desserrera pas.

20 LE COUCHAGE

Placez la couche du chien dans un endroit animé de la maison, par exemple un coin de la cuisine. Un petit pouf bas peut faire un lit douillet qui conservera la chaleur corporelle du chien et sera facile à laver. On peut aussi envisager un petit matelas lavable placé dans une grande corbeille en plastique, plus résistante aux mordillements et plus facile à nettoyer que les corbeilles en osier.

UN LIEU D'OÙ IL PEUT OBSERVER TOUTE LA FAMILLE

21 LE PARC À CHIOTS

Pour un chiot, il est très pratique d'acheter un parc à chiots pour l'habituer à son nouvel environnement.
N'oubliez pas de lui installer :

- du papier journal pour absorber les petits « accidents »,
- de l'eau fraîche et un jouet à mâcher,
- un panier avec un matelas ou un pouf.

Toujours laisser de l'eau fraîche.

Le chiot peut observer l'activité dans la maison.

Papier journal pour le dressage à la propreté.

Jouet pour occuper l'animal.

UNE ALIMENTATION SAINE

22 LES MEILLEURES GAMELLES

Un chien doit avoir sa propre gamelle. Il est préférable d'acheter une gamelle en acier Inox au-dessous bordé de caoutchouc antidérapant. Une lourde gamelle en terre cuite ne se renverse pas facilement, mais il faut la changer dès qu'elle est ébréchée ou fêlée car les bactéries se développent facilement dans les fêlures.

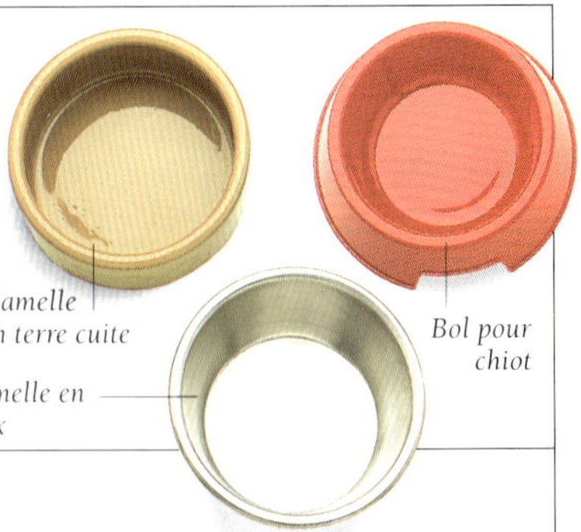

Gamelle en terre cuite

Bol pour chiot

Gamelle en Inox

23 QUELLE QUANTITÉ D'EAU ?

Veillez à ce que votre chien ait toujours de l'eau fraîche et remplissez quotidiennement son récipient au même niveau. Chaque jour, votre chien perd de l'eau en urinant, en déféquant et en haletant ; un chien qui ne boit pas d'eau pendant plus de 48 heures peut souffrir de déshydration et de lésions irréversibles.

Le récipient d'eau doit être propre et rempli quotidiennement.

24 NOURRIR VOTRE CHIEN

Un chien adulte (âgé de plus de neuf mois environ) peut recevoir sa ration alimentaire en un seul repas ; la même quantité de nourriture peut également lui être donnée en deux repas quotidiens.

- Les chiens de petite taille ont l'estomac plus petit et mangent moins en un repas. Pour faciliter leur digestion, il est préférable de les nourrir deux fois par jour.
- Les chiots ont besoin de trois ou quatre repas quotidiens que l'on pourra ramener à deux dès l'âge de six mois. De six à neuf mois, vous pouvez commencer à leur donner une alimentation pour chien adulte.
- Un chien malade doit être nourri comme un chiot, à raison de trois repas légers par jour. S'il refuse toute nourriture solide, donnez-lui un bouillon de viande et de légumes.
- Les rations alimentaires des chiennes qui attendent des petits doivent parfois être augmentées de 50 %.
- Veillez à ce que l'alimentation de base contienne des protéines pour la croissance et la reconstitution des tissus.
- Les acides gras sont essentiels pour assurer le brillant du pelage du chien.
- Les ingrédients doivent contenir des féculents pour faire grossir le chien et faciliter son transit intestinal.
- « Peu et souvent » est une bonne règle à respecter pour les chiens âgés. Après l'âge de douze ans, le repas devient le moment important de la journée.
- Le repas du chien doit être servi à la température ambiante.
- Ne lui donnez jamais d'aliments avariés ou pas frais.
- Ne donnez jamais d'aliments tout préparés pour chats à un chien : ils sont trop riches en protéines.
- Ne lui donnez jamais d'os cassants, tels que des os de poulet et surtout de lapin, qui pourraient l'étouffer.
- Enlevez les aliments en boîte ou liquides qui restent dans sa gamelle au bout de dix à quinze minutes, et servez une autre portion au repas suivant.
- Consultez un vétérinaire si votre chien refuse de manger pendant plus de 24 heures.

Besoins journaliers d'un chien adulte

Poids/Race	Besoins en calories	Aliments en conserve/Repas	Pâtées	Croquettes
Très petit : 5 kg Yorkshire Terrier	210	105 g de viande 35 g/repas	70 g	60 g
Petit : 10 kg Cairn Terrier	590	300 g de viande 100 g/repas	190 g	170 g
Moyen : 20 kg Épagneul	900	450 g de viande 150 g/repas	300 g	260 g
Gros : 40 kg Berger allemand	1 680	850 g de viande 280 g/repas	545 g	480 g
Très gros : 80 kg Danois	2 800	1,4 kg de viande 460 g/repas	900 g	900 g

25 DES ALIMENTS FRAIS

La viande fournit la presque totalité des besoins nutritifs quotidiens du chien. Cependant, comme les humains, les chiens ne peuvent vivre en mangeant uniquement de la viande. Si vous êtes disposé(e) à donner à votre chien des aliments frais plutôt que des aliments tout préparés, veillez à ajouter à la viande une quantité appropriée de céréales, de légumes, de pâtes et de riz, pour fournir toutes les protéines, les sucres lents (féculents), les matières grasses et les minéraux dont il a besoin pour être en bonne santé. La composition nutritionnelle de la viande fraîche pouvant varier considérablement, il est difficile de définir systématiquement une alimentation équilibrée.

VIANDE ET LÉGUMES
Ce plat couvre tous les besoins nutritifs du chien

VIANDE HACHÉE
Source importante de calories, très riche en matières grasses.

FOIE PAUVRE EN CALCIUM
Riche en vitamines A, B1, en phosphore, pauvre en calcium.

CŒUR RICHE EN CALORIES
Riche en graisse ; deux fois plus de calories que les rognons.

POULET À BASSE CALORIE
Facilement digéré et moins riche en calories que les autres viandes.

ŒUFS BROUILLÉS
Alimentation sans viande pour les chiens convalescents ou les chiots.

PÂTES
Bonne source de sucres lents, mais qui doit être assaisonnée.

26 Les légumes

Les légumes non cuits (et certains fruits) constituent de bonnes sources de vitamines. Les chiens ne sont pas exclusivement carnivores et ils peuvent convertir les protéines et graisses végétales en substances nutritives nécessaires à leur survie. Choisissez des légumes cuits, comme des carottes, du chou et des pommes de terre, pour offrir une alimentation équilibrée. Si vous voulez mettre votre chien à un régime sans viande, consultez votre vétérinaire qui vous conseillera pour composer un régime équilibré.

LÉGUMES VARIÉS RICHES EN VITAMINES

RÉHYDRATÉ

27 Aliments secs complets

Ces croquettes sans odeur, à la viande et au poisson contiennent quatre fois plus de calories par gramme que les aliments en boîte ; les portions doivent donc être plus petites. Certaines doivent être réhydratées avec de l'eau. Ne confondez pas ces aliments complets avec les biscuits ou les repas aux céréales pour chiens.

POUR CHIEN ÂGÉ

À BASSES CALORIES

ÉNERGÉTIQUES

CROQUETTES

28 Aliments complets semi-humides

Les aliments complets semi-humides contiennent plus de trois fois la quantité de calories contenues dans les aliments en boîte et constituent d'excellents repas tout prêts pour chiens. Ils assurent un régime complet et économique que vous pouvez servir tel quel ou avec un complément de céréales. Riches en sucres lents (féculents), ils sont tout indiqués pour les chiens qui travaillent mais pas pour les chiens diabétiques. Ils se conservent moins longtemps que les croquettes ou les aliments en boîte.

REPAS SEMI-HUMIDE

29 Les aliments en boîte

On trouve, dans le commerce, diverses variétés d'aliments en boîte, à la viande, et riches en protéines, pour répondre aux exigences des différents propriétaires de chiens. La variété principale est la pâtée avec morceaux de viande, qu'il vaut mieux donner à votre chien avec un volume équivalent de céréales ou de croquettes pour fournir une bonne quantité de calories, de sucres lents et de matières grasses. Certains aliments en boîte sont préparés pour satisfaire des chiens difficiles et peuvent être servis sans compléments d'aliments secs tout en répondant aux besoins nutritifs du chien.

PÂTÉE AVEC MORCEAUX DE VIANDE

COUVERCLES DOSEURS EN PLASTIQUE

30 Conserver la nourriture

Utilisez ce type de couvercle en plastique pour fermer hermétiquement une boîte entamée d'aliments pour chiens et pouvoir la conserver dans un réfrigérateur pendant un maximum de trois jours. Lavez les couvercles après emploi, sans les mélanger à la vaisselle de la famille.

31 Les vitamines et minéraux

Votre chien doit recevoir toutes les vitamines et tous les minéraux dont il a besoin, soit en mangeant de la viande, des céréales et des légumes frais, soit en mangeant les aliments tout préparés que vous lui donnez. Cependant, dans certaines circonstances, un chien a besoin de suppléments alimentaires pour favoriser la croissance des os, une bonne digestion, la reconstitution de tissus, une bonne hydratation et d'autres conditions spécifiques telles que la grossesse, la croissance des chiots ou la convalescence après une blessure ou une maladie. Si votre animal favori connaît l'une de ces situations, consultez votre vétérinaire quant au supplément nécessaire avant d'ajouter quoi que ce soit à l'alimentation de votre chien.

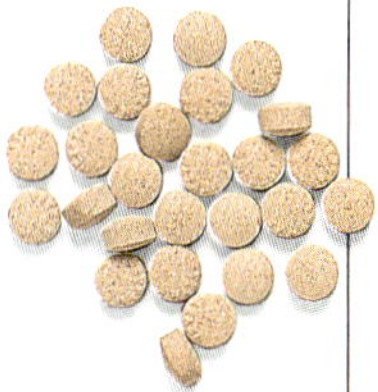

CACHETS VITAMINÉS
À ne donner que suivant les indications de votre vétérinaire.

CALCIUM
Essentiel pour les chiots et les chiennes qui allaitent.

CENDRES D'OS
Source additionnelle de calcium : achetez-les stérilisées.

32 DES OS OU DES JOUETS À MÂCHER

Les os à mâcher fournissent un appoint vital en calcium. Si votre chien a une nourriture équilibrée, il reçoit déjà la quantité de calcium dont il a besoin. Ronger des os permet au chien de se masser les gencives et d'exercer les muscles de ses mâchoires. Les meilleurs os sont les tibias ou les jarrets de bœuf car ils ne se brisent pas en éclats et ne laissent pas d'esquilles dans la gueule du chien. Les os peuvent être dangereux pour certains chiens. Les jouets à mâcher offrent une solution de rechange efficace et pratique. Ils peuvent limiter les comportements destructeurs.

Les os sont bons pour le massage des gencives et aussi pour fortifier les mâchoires.

JOUET À MÂGHER À BASSES CALORIES

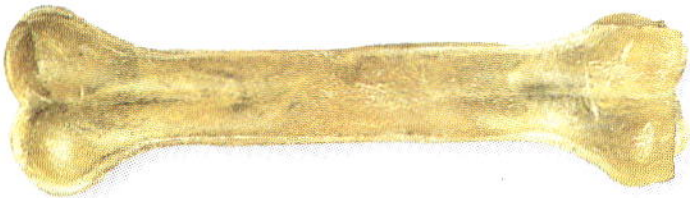

OS DE JARRET COMPRESSÉ

SAUCISSES À MÂCHER

LAMELLES DE BŒUF

HAMBURGER

BRETZEL

CHAUSSURE

33 LES FRIANDISES

Les biscuits, morceaux et anneaux vendus dans le commerce constituent des « casse-croûte » savoureux et font des récompenses fort utiles pour le dressage. De telles « friandises » sont riches en sucres lents, en graisses et en calories. Il faut en tenir compte dans la ration calorique journalière de votre chien.

BISCUITS EN FORME D'OS

BISCUITS AU FROMAGE

BISCUIT COMPLET

MINI-OS À MOELLE

ASSORTIMENTS

BISCUITS AU BACON

BARRES AU POULET

OS AU BŒUF

BOUCHÉES AU BŒUF

ANNEAUX

34 RÉGIME POUR CHIEN

Si votre chien est moins alerte que d'habitude et si vous ne sentez plus ses côtes, c'est que peut-être vous lui donnez trop à manger ou que son alimentation n'est pas équilibrée.

- Veillez à ne donner à votre chien au régime que 60 % de la quantité de calories recommandée normalement.
- Réduisez sa ration de nourriture si vous lui donnez un mélange de viande et d'aliments secs.
- Augmentez son exercice quotidien.
- Modifiez le régime de temps à autre.
- Ne cédez pas si votre chien mendie de la nourriture : ceci peut être une obsession chez certains chiens, particulièrement s'ils s'ennuient. En cédant, vous renforceriez ce comportement qui peut conduire à l'obésité.
- Renseignez-vous auprès d'un vétérinaire sur les régimes à basses calories.

APPRENTISSAGES ESSENTIELS

35 UTILISER DU PAPIER JOURNAL

Si vous venez d'acquérir un chien adulte qui n'a pas été dressé pour être propre, éduquez-le exactement comme un chiot. Les chiots font leurs besoins quelque temps après avoir mangé, bu, marché ou joué. Dressez votre chien à faire ses besoins sur du papier journal avant de le promener dehors.

Il renifle pour trouver un coin où uriner.

1 ▷ Quand votre chien renifle le sol, c'est un signe sûr, et souvent la seule indication, qu'il veut uriner. Vous n'avez alors que quelques secondes pour intervenir : il est donc essentiel d'avoir du papier journal à portée de la main.

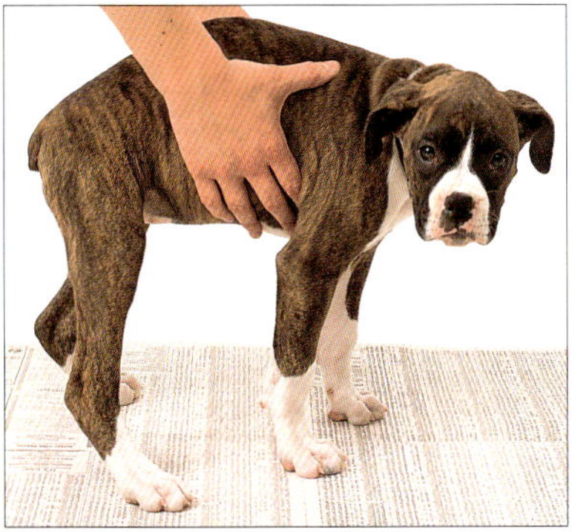

2 Soulevez vite votre chien et placez-le sur le papier journal. Le papier journal est idéal car très absorbant. Puis, restez à côté du chien pour le surveiller et le stimuler.

3 Si c'est possible, conservez un peu de papier souillé pour faire sentir au chiot sa propre odeur et pour l'encourager à faire ses besoins au même endroit. Complimentez-le.

36 HABITUER LE CHIEN À SA CAGE

Quand un chien a été habitué à utiliser une cage depuis qu'il est chiot, il la considère comme un endroit sûr, particulièrement dans un lieu animé comme la cuisine. Les chiens ne souillent pas volontiers l'endroit où ils dorment ; c'est donc un accessoire tout indiqué pour dresser un chien à la propreté.

- Laissez votre chien dans la cage quand vous êtes occupé. Veillez à ce qu'il ait une couche douillette, un récipient d'eau fraîche et un jouet à mâcher.
- Vérifiez régulièrement s'il veut faire ses besoins, surtout après avoir mangé ou au réveil.
- Ne laissez pas le chien dans sa cage plus de deux ou trois heures de suite pendant la journée.
- Laissez un journal en évidence (*voir p. 28*) pour que le chiot apprenne à identifier cela avec le « petit coin ».

« MAISON » SAINE ET RASSURANTE

37 SI LE DRESSAGE À LA PROPRETÉ ÉCHOUE

Inévitablement, avec un chiot ou un chien nouveau venu, cela ne se passera pas sans quelques oublis au début, mais ne le punissez jamais pour avoir sali votre maison ou appartement. Cela ne ferait que le rendre plus nerveux. De même, sa cage ne doit pas servir de lieu de punition ; c'est sa maison pas une prison, et cela doit rester le lieu de repos préféré de votre chien. Nettoyez l'endroit sali par le chien avec un désinfectant anti-odeurs car les chiens retournent à la même odeur pour y faire leurs besoins. N'attendez pas pour nettoyer car les déjections canines sont désagréables et constituent un risque microbien. Évitez d'utiliser des produits ammoniaqués car l'odeur pourrait rappeler au chien celle de sa propre urine.

Lavez-vous les mains après.

Le désinfectant tue les microbes.

Portez des gants en caoutchouc.

38 LA PROPRETÉ À L'EXTÉRIEUR

Dès que possible, dressez votre chien à faire ses besoins dehors. Commencez par le faire aller dans votre jardin (où vous pourrez facilement ramasser ses déjections et les nettoyer au jet), puis allez dans un lieu public approprié en vous équipant pour ramasser ses crottes. Tenez votre chien en laisse jusqu'à ce qu'il se soulage dans un endroit spécifique.

1 ▷ Quand un chien se tient devant la porte, c'est signe qu'il a envie d'aller faire ses besoins dehors.

2 Apprenez à votre chien à aller renifler dans un coin un peu isolé pour y uriner. Les chiens, heureusement, aiment se soulager dans des endroits spécifiques.

3 Utilisez des mots tels que « dépêche-toi » pendant qu'il fait son pipi ; puis complimentez-le. Très vite, votre chien fera ses besoins quand vous lui direz : « dépêche-toi ».

39 RAMASSER SES CROTTES

La marche stimule l'envie de déféquer chez le chien ; habituellement, il le fera dans les dix premières minutes. Ayez toujours sur vous un « ramasse-crottes » ou un sac biodégradable, et tenez votre chien en laisse jusqu'à ce qu'il ait fait ses besoins dans un coin approprié (tirez un petit coup sur la laisse si l'endroit n'est pas acceptable). Lâchez le chien après. Il apprendra bien vite qu'il doit faire ses besoins avant de pouvoir s'amuser. Nettoyez ensuite avec le ramasse-crottes ou un sac, puis jetez dans une poubelle.

RAMASSE-CROTTES

40 ARRÊTE DE MORDILLER !

Les chiots aiment mordiller par curiosité tout ce qui les entoure. Les chiens plus âgés préfèrent les objets, comme les chaussures ; ce que vous ne devez pas autoriser normalement. Limitez ces habitudes à un ou deux objets « autorisés » pour que votre chien apprenne à mordiller uniquement ce que vous lui donnez.

Vaporisez un répulsif sur les objets qui attirent votre chien mais que vous ne voulez pas lui laisser mordiller.

IL AIME LES CHAUSSURES
Pour éviter que votre chien ne prenne cette mauvaise habitude, interdisez-lui de mordiller même les vieilles chaussures.

41 ARRÊTE DE VOLER DE LA NOURRITURE !

C'est par instinct que les chiens cherchent de la nourriture ; et un chien peut trouver des choses très savoureuses dans les poubelles. Éduquez votre chien à ne manger que dans sa gamelle et veillez à ne laisser aucune nourriture à découvert.

- Donnez l'ordre « laisse » ou « pas touche » d'un ton ferme.
- Placez le couvercle solidement sur la poubelle pour cacher des reliefs de repas.
- Vaporisez un répulsif sur la poubelle pour écarter le chien.

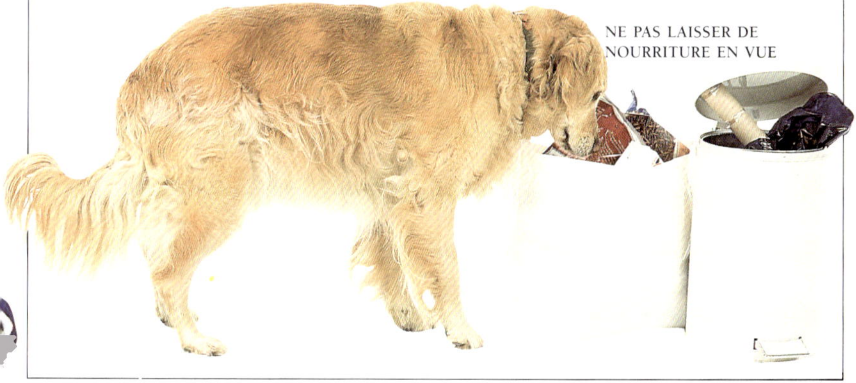

NE PAS LAISSER DE NOURRITURE EN VUE

42 ARRÊTE DE MENDIER !

Éduquez votre chien à ne manger que ce qu'il trouve dans sa gamelle et placez celle-ci loin de l'endroit où vous mangez. Ordonnez à votre chien de s'asseoir et placez sa gamelle par terre, puis permettez-lui de manger.

Ne lui donnez aucune friandise pendant que vous mangez.

Le chien se fait clairement comprendre.

UN ORDRE FERME
Un geste appuyé renforce l'ordre de s'asseoir.

DES HURLEMENTS D'ENNUI
Un chien peut hurler d'ennui ou de solitude.

43 SILENCE !

Un chien aboie pour alerter et protéger son maître, mais cela aussi doit être contrôlé. Lui crier « Tais-toi ! » pourrait l'exciter encore plus. Pour un contrôle immédiat et efficace, vaporisez un produit non toxique au goût désagréable dans sa gueule. Pour un contrôle à long terme, utilisez régulièrement l'ordre « Parle » quand il commence à aboyer ; terminez par « Tais-toi » ou « Non ». Avec un peu de pratique, le chien apprendra à « parler » (c'est-à-dire à aboyer) et à se taire quand vous lui en donnez l'ordre.

L'ENTRETIEN ET LE TOILETTAGE

44 LA PERTE DES POILS

Les chiens à poils lisses et ras peuvent muer toute l'année ; un brossage fréquent est donc nécessaire. Les chiens à poils bouclés et drus perdent moins leurs poils mais ces pelages poussent beaucoup et nécessitent des soins réguliers.

45 TONTES ET COUPES

Les pelages qui poussent vite doivent être tondus ou coupés, alors que les fourrures fournies doivent être désépaissies. Habituez votre chien, dès son plus jeune âge, à cette opération et au bruit de la tondeuse.

46 LA PRÉPARATION DU TOILETTAGE

Placez le chien sur un petit tapis antidérapant à une hauteur vous permettant de ne pas avoir à vous baisser pendant le toilettage et préparez les ciseaux, brosses et peignes. Passez une main sous le ventre du chien pour le tenir et glissez le pouce de l'autre main sous son collier.

47 TOURNER VOTRE CHIEN

Si vous ne pouvez pas toiletter l'autre côté de l'animal par-dessus son dos, tournez-le. Placez le plat de la main, doigts légèrement écartés, sur les muscles de sa cuisse et tournez le chien. Gardez la main à plat pour ne pas lui faire mal.

48 TOILETTE DE LA TÊTE

Inspectez les oreilles, les yeux et les dents de votre chien une fois par semaine. Les races présentant des peaux plissées, comme ce Shar-Pei, ont besoin d'une attention particulière. Des séances de toilettage quotidiennes ou hebdomadaires permettront de garder la tête, la peau, le pelage et les griffes de votre chien en bonne condition ; ces séances seront également une bonne occasion pour renforcer votre autorité et votre contrôle sur l'animal. Si votre chien ne veut pas se laisser faire, commencez par les ordres « assis » et « ne bouge pas ». Concluez chaque séance par des compliments et des tapes de réconfort.

BOULES DE COTON

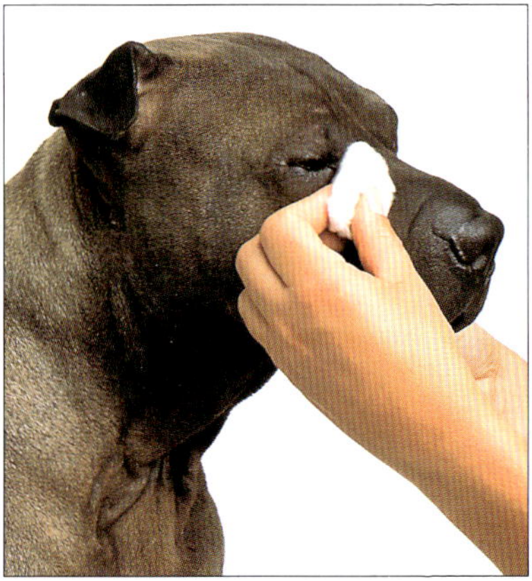

1 Maintenez fermement la tête d'une main ; de l'autre main, essuyez délicatement la peau autour des yeux avec une boule de coton propre et humide. Nettoyez toute trace de mucus.

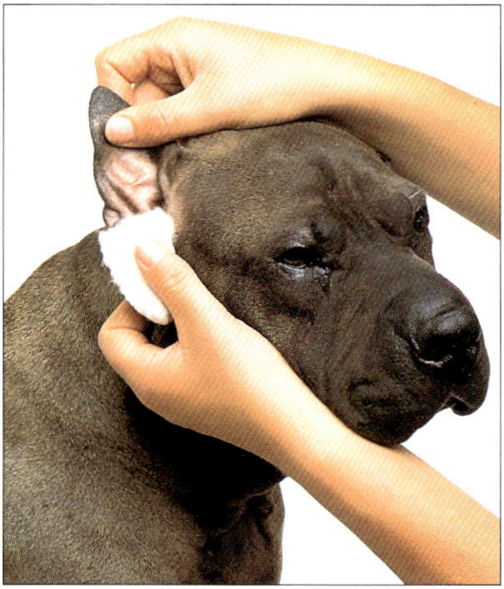

2 D'une main, soulevez le pavillon de l'oreille et nettoyez délicatement l'intérieur du pavillon avec un autre morceau de coton humide. Évitez d'aller trop profond dans l'oreille.

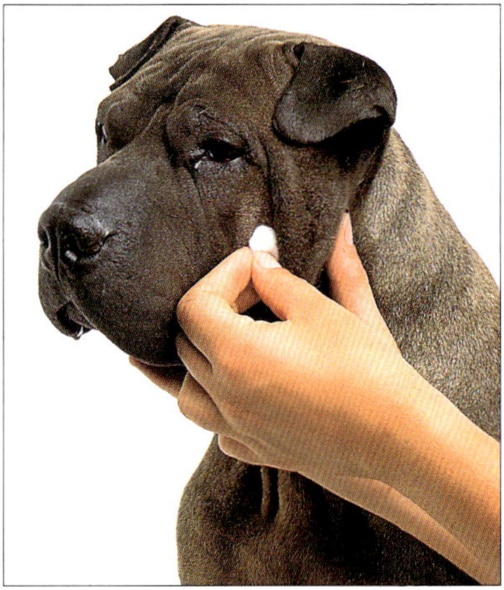

3 Les plis de la peau de certains chiens attrapent beaucoup de saletés, particules et peaux mortes, et constituent de véritables nids de bactéries. Nettoyez-les régulièrement avec un coton humide.

49 BROSSER LES DENTS ET LES GENCIVES

Faites examiner les dents de votre chien par un vétérinaire au moins une fois par an. Et, chaque semaine, vérifiez que ses dents et gencives ne montrent aucun signe d'infection. Plus de 75 % des chiens adultes ont besoin de soins dentaires, le premier signe est souvent une mauvaise haleine causée par les bactéries qui se développent dans les bouts d'aliments coincés entre les dents. Si vous négligez ce nettoyage dentaire hebdomadaire et la visite annuelle chez le vétérinaire, vous exposez votre chien au risque d'avoir à se faire arracher des dents. Pour éviter que ses dents ne se gâtent, vous pouvez également acheter des gels dentaires adaptés. Appliquez directement, comme une pâte dentifrice, ou mélangez à une petite quantité de nourriture. À faire une fois par semaine.

BROSSE À DENTS DOUBLE

COTON-TIGE

GRATTOIR DE TARTRE

DENTIFRICE
Un dentifrice ou gel pour chiens peut être utile.

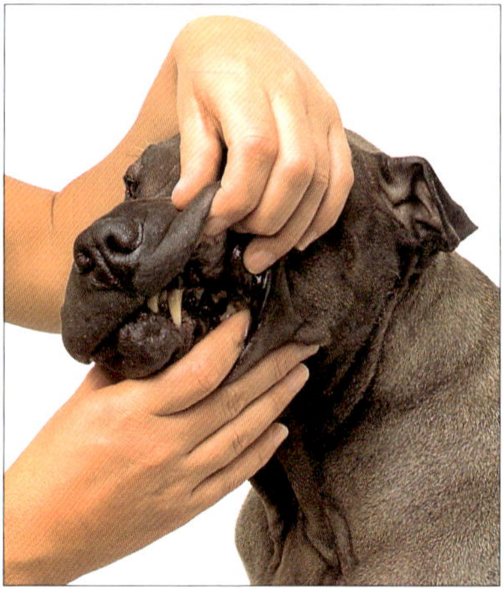

1 Inspectez soigneusement toute trace de plaque dentaire ou de tartre durci. Ces dépôts générés par l'accumulation de bactéries provoquent une mauvaise haleine et une inflammation des gencives.

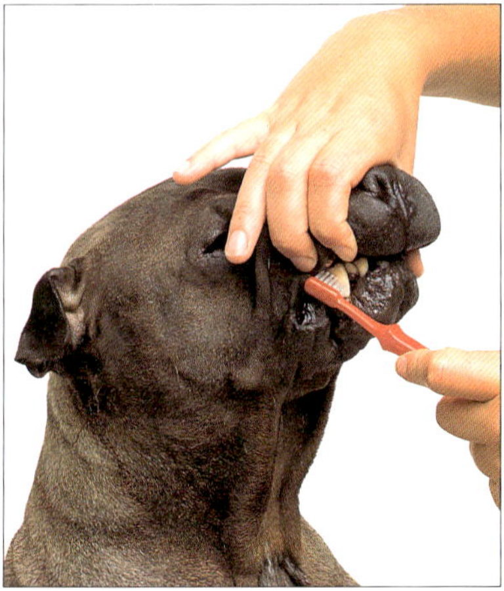

2 Assurez-vous que votre chien ne se rebellera pas et brossez-lui gentiment les dents avec une brosse souple. Appliquez un dentifrice, un gel spécial pour chiens ou de l'eau salée.

50 BAIGNER SON CHIEN

Vous pourrez avoir à baigner votre chien pour le débarrasser de parasites de la peau, pour soulager des irritations cutanées ou simplement parce qu'il s'est roulé dans des saletés ! Appliquez un shampooing recommandé par un vétérinaire. Rincez abondamment pour éviter toute irritation.

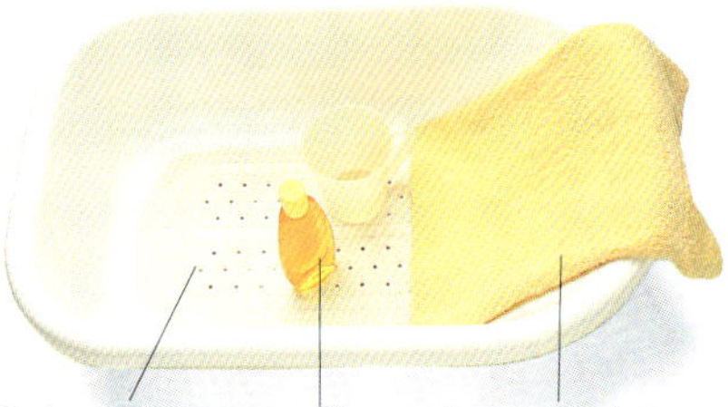

Tapis antidérapant *Shampooing* *Serviette*

1 Placez un tapis antidérapant au fond de la bassine. Mettez le chien dans la bassine en lui laissant son collier pour le tenir et l'empêcher de sauter. Vous pouvez également lui boucher les oreilles avec du coton. Tenez-le par le collier et versez de l'eau tiède sur son pelage.

2 Gardez une main sur le collier. Savonnez tout le corps du chien, à l'exception de la tête, avec un shampooing spécial pour chiens. Faites bien mousser et massez bien le pelage pour le faire pénétrer jusqu'à la peau pour détacher la saleté et les peaux mortes.

3 Avec les deux mains, shampouinez la tête du chien en massant doucement. Pour cela, il n'est pas nécessaire de le tenir par le collier. Faites très attention de ne pas faire couler de l'eau savonneuse dans les yeux du chien ni de lui mettre de la mousse dans la gueule.

4 Les chiens ont tendance à s'ébrouer quand ils ont la tête mouillée. Donc, rincez et séchez complètement la tête de votre chien avant de lui rincer le corps pour qu'il n'ait pas besoin de se secouer, et vous éviterez d'être éclaboussé(e). Faites attention quand vous approchez des yeux et des oreilles. Rassurez et complimentez le chien.

5 Ensuite, rincez le reste du corps avec de l'eau propre et tiède. Rincez le pelage jusqu'à ce que vous soyez sûr(e) qu'il ne reste plus aucun résidu de shampooing. Massez le pelage pour essorer l'eau.

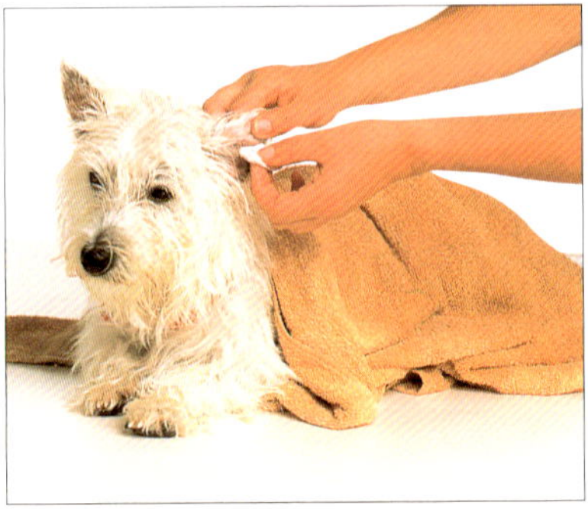

6 Quand l'excès d'eau est bien essoré, essuyez le pelage du chien avec une serviette, puis sortez-le de la bassine après l'avoir enveloppé du mieux possible dans la serviette. Retirez les bouchons de coton et séchez délicatement l'intérieur des oreilles. N'oubliez pas de bien sécher les poils sous le collier.

7 Séchez le pelage avec une serviette ou, si votre chien n'a aucun problème de peau, utilisez un sèche-cheveux. Réglez le séchoir à une température moyenne et rassurez votre chien s'il est incommodé et nerveux à cause du bruit de l'appareil. N'utilisez pas de séchoir si votre chien est sujet à des démangeaisons, car la chaleur accentuerait le problème.

51 Tailler les griffes

Le meilleur moment pour tailler les griffes est juste après un bain quand elles sont moins dures. Attention de ne pas couper la partie rose, appelée aussi vif, à l'intérieur de la griffe.

COUPE-GRIFFES

1 △ Écartez chaque orteil du chien et inspectez la zone entre les doigts pour vérifier qu'il n'y a ni saleté ni écharde. Avec un coton humide, nettoyez l'intérieur des plis.

2 ◁ Coupez soigneusement les griffes de votre chien à l'aide d'un coupe-griffes « à guillotine » conçu spécialement pour les chiens. Limez les irrégularités avec une lime à ongles ou une toile d'émeri.

52 Couper les griffes

La partie rose à l'intérieur de la griffe est constituée de tissus vivants parcourus de vaisseaux sanguins et de nerfs ; c'est le vif. Évitez de couper ce tissu quand vous taillez les griffes. Coupez la griffe, diagonalement vers le bas, de quelques millimètres seulement. Si vous hésitez à le faire vous-même, faites appel à votre vétérinaire.

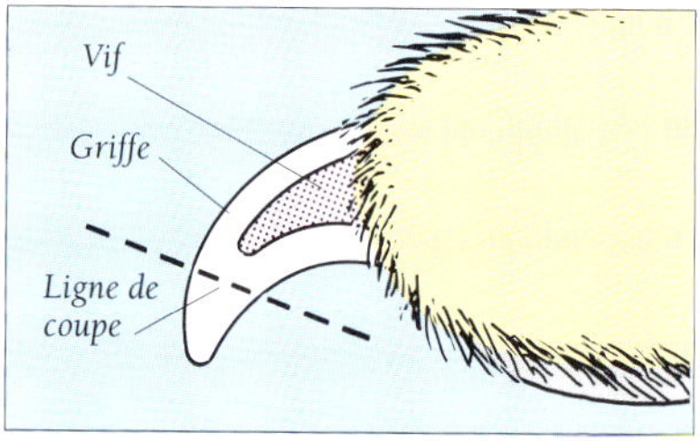

NE COUPEZ PAS TROP PRÈS DE LA PARTIE ROSE

53 BROSSER UN CHIEN À POIL COURT

Les poils courts requièrent des soins moins fréquents que les longs, mais ils peuvent tomber en grosses quantités. Pour contrôler le poil et les pellicules, un toilettage quotidien est nécessaire.

BROSSE SOUPLE — CARDEUR — PEIGNE

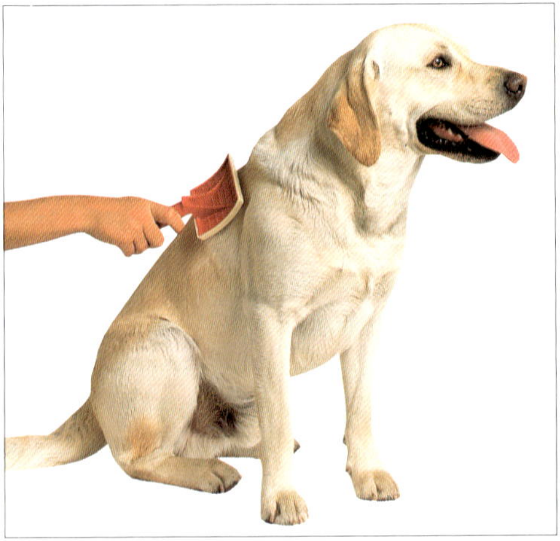

1 Utilisez un cardeur pour démêler les poils et éviter la bourre (les poils courts et drus ont tendance à feutrer). Brossez assez fermement sur toute la longueur du corps et de la queue de votre chien.

2 Passez une brosse souple pour enlever les poils morts et les saletés éventuelles. Brossez tout le pelage, queue et pattes y compris.

3 Passez un peigne fin dans les poils de la queue et des pattes, avec des ciseaux, taillez les poils qui pourraient dépasser. Pendant ce toilettage, vérifiez que le pelage de votre chien ne dissimule ni plaie ni parasites.

54 BROSSER UN CHIEN À POIL RAS

Les chiens à poils lisses, comme les Boxers, sont les plus faciles à toiletter. Un brossage et un lustrage, une ou deux fois par semaine, suffisent pour les rendre resplendissants. Utilisez un produit embellisseur pour adoucir le poil.

BROSSE EN CAOUTCHOUC

PEAU DE CHAMOIS

BROSSE DURE

1 Prenez une brosse en caoutchouc et utilisez-la pour enlever les poils morts et la saleté superficielle. Brossez à rebrousse-poil pour faire tomber les impuretés.

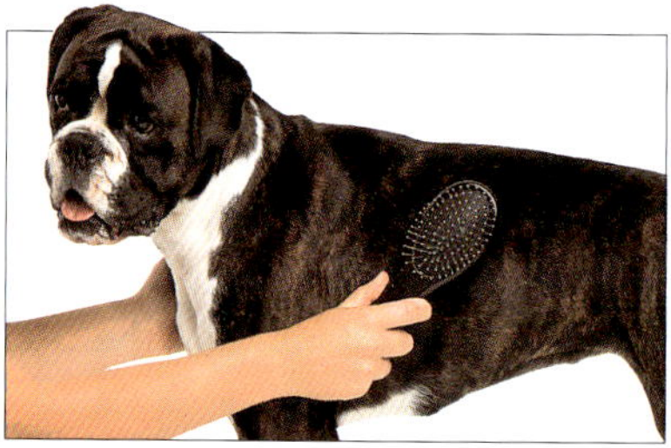

2 Utilisez une brosse dure pour retirer les poils et la peau morte. Veillez à bien brosser tout le pelage sans oublier de toiletter la queue et les pattes.

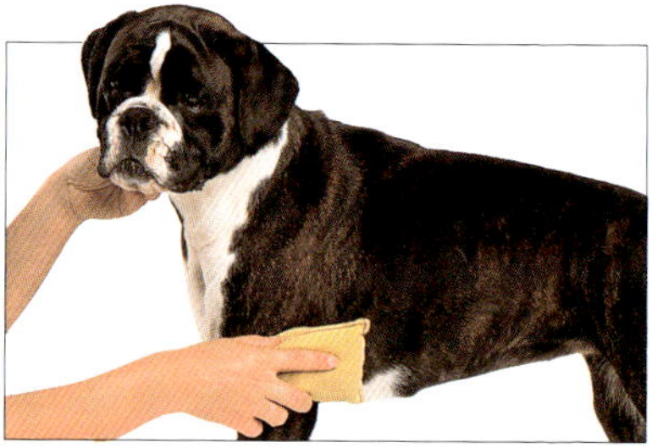

3 Lustrez le pelage avec une peau de chamois pour en faire ressortir le brillant. Vous pouvez également appliquer un embellisseur pour donner du brillant à la fourrure de votre chien.

55 ÉTRILLER LES PELAGES À POILS DRUS

Les chiens à poils drus doivent être étrillés tous les trois ou quatre mois. Arrachez les poils morts entre le pouce et l'index, ou entre le pouce et le couteau-étrille, dans le sens de la pousse du poil.

COUTEAU À ÉTRILLER STANDARD

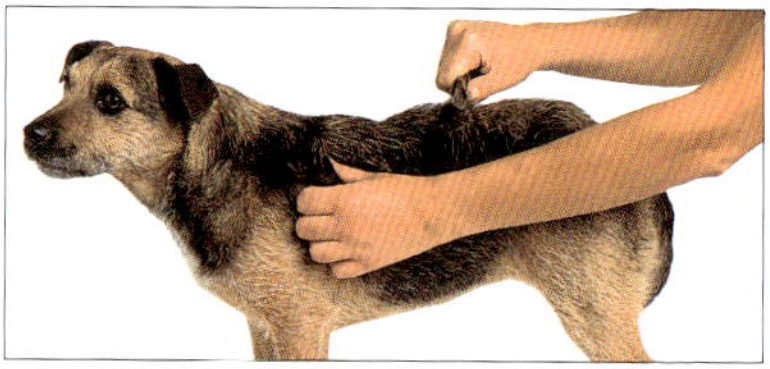

ENLEVEZ LES POILS MORTS AVEC VOS DOIGTS

56 UN BEAU PELAGE SOYEUX

Les fourrures longues requièrent plus de soins que les pelages à poils courts. Les chiens à poil soyeux, comme les Yorkshires, n'ont pas d'épaisseur de poils duveteux sous le pelage extérieur. Il faut donc faire attention pendant le toilettage de ne pas égratigner la peau.

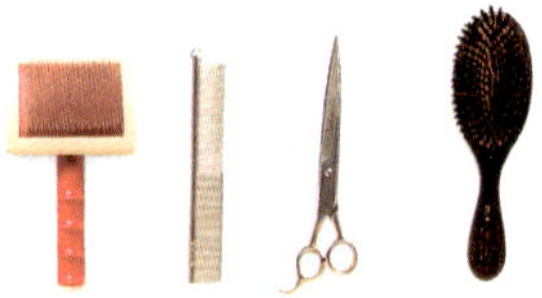

CARDEUR PEIGNE CISEAUX BROSSE

1 Utilisez un cardeur pour démêler et brosser délicatement les poils emmêlés en prenant soin de ne pas trop tirer sur les poils de l'animal afin de ne pas abîmer son pelage.

2 Toilettez à nouveau le pelage avec une brosse en soies de sanglier pour faire ressortir le brillant du poil. À ce stade, la brosse doit glisser dans les poils sans trop de résistance.

3 Avec le peigne, séparez délicatement les longs poils sur le dos du chien comme pour lui faire une raie le long de l'échine. Puis peignez les poils vers le bas sur chaque flanc. Égalisez les poils.

4 Taillez soigneusement les poils autour des pattes et des oreilles. Vous pouvez couper les poils au-dessus des yeux ou les attacher avec un ruban.

Un pelage propre et soyeux

57 BROSSER UN CHIEN À POIL LONG

Les chiens à poil long, comme les Colleys Shetland ou les Bergers d'Écosse, ont également un duvet protecteur, dense et épais. Si vous ne toilettez pas le long pelage de ces chiens à l'aide d'un cardeur et d'une brosse souple, il feutrera très vite et vous aurez beaucoup de mal à obtenir une fourrure soyeuse et soignée.

CARDEUR

CISEAUX

PEIGNE

BROSSE SOUPLE

1 Si vous possédez un chien à poils longs, comme le Colley Shetland, il est nécessaire de le toiletter complètement chaque jour et de tailler et égaliser le pelage régulièrement. Commencez avec un cardeur pour démêler les poils et la bourre. Attention de ne pas trop tirer sur les poils emmêlés.

2 Prenez la brosse souple et brossez le pelage du chien, pas trop vigoureusement pour ne pas arracher trop de poils. Ne laissez pas de gros nœuds. Il peut arriver que ce type de pelage feutre au niveau des pattes. Brossez les pattes plus délicatement car la peau y est habituellement plus sensible.

3 Peignez le pelage avec un peigne à dents écartées pour défaire les petits nœuds. Passez ensuite un peigne plus fin. Ces deux peignes sont indispensables pour éliminer les nœuds et la bourre. Retirez les saletés prises dans les poils plus longs. N'utilisez pas de brosses à soies courtes.

4 Égalisez les poils qui tombent sur les pattes du chien avec une bonne paire de ciseaux. N'oubliez pas également de tailler les poils entre les orteils, là où les saletés se logent et peuvent provoquer des irritations si elles ne sont pas retirées. Pour éviter ce risque, taillez ces poils juste après l'exercice.

5 Coupez les poils autour des jarrets (articulation du milieu des membres postérieurs) et taillez les plumeaux (longues franges de poils) avec les ciseaux, afin que les poils ne s'emmêlent pas et ne ramassent pas toutes les saletés. Pour que le toilettage soit efficace, chaque séance doit durer au moins quinze minutes.

Le Dressage

58 Commencer le dressage

Les chiens ont du mal à être longtemps attentifs. Limitez la durée des séances de dressage et finissez toujours sur une note positive et encourageante. Complimentez le chien, rassurez-le par des caresses et récompensez-le pour renforcer le dressage initial.

- Utilisez toujours une laisse adaptée pour assurer votre contrôle.
- Limitez les différents exercices à quinze minutes, deux fois par jour maximum.
- Reportez la séance si vous, ou le chien, êtes fatigué(e).
- Finissez le dressage par des jeux.

59 Donner des ordres

Au début, pour renforcer vos ordres, vous devrez récompenser votre chien avec de la nourriture. Un chien qui a faim reste alerte et mieux disposé à répondre aux ordres. Vous pouvez montrer la friandise au chien, mais ne lui donnez pas tant qu'il n'a pas exécuté l'ordre donné.

Motivé par la Nourriture ▷
Une récompense efficace pour un chien qui a faim.

△ Mot Appuyé
Diminuez les friandises graduellement pour que le chien ne réagisse que par rapport à vos gestes et compliments.

60 FAIRE ASSEOIR VOTRE CHIEN

Les premiers ordres et généralement les plus faciles à enseigner à votre chien sont : « assis » et « viens ici » .

- Commencez l'apprentissage du contrôle avec une laisse.
- Commencez la séance par une friandise.
- Puis, essayez de faire asseoir le chien seulement avec des paroles.

1 Mettez-vous en face du chien. Écartez-vous en tenant la laisse dans la main gauche et la friandise dans la droite. Dites « viens ici » et montrez la friandise.

2 Quand le chien arrive à côté de vous, levez la main droite et placez-la au-dessus de la tête du chien. Il pliera ses jambes arrière pour ne pas perdre la nourriture des yeux.

3 Donnez l'ordre « assis » quand vous voyez qu'il est sur le point de s'asseoir. Recommencez l'exercice puis refaites-le sur le côté.

61 IL REFUSE DE S'ASSEOIR

Plusieurs séances de dressage seront nécessaires pour que votre nouveau chien, ou votre chiot, apprenne à s'asseoir. S'il refuse de s'asseoir, même avec une friandise, agenouillez-vous et tenez son collier de la main droite. Appuyez sur sa croupe de la main gauche et donnez l'ordre « assis ». Récompensez le chien avec des compliments et une friandise. Répétez cette étape avec seulement des compliments, jusqu'à ce qu'il obéisse.

62 ATTENDRE ET FAIRE VENIR

Donner l'ordre à son chien d'attendre puis de venir vers soi quand on l'appelle est connu sous le nom de dressage au « rappel ». Immanquablement, si votre chien n'est pas dressé, il vous suivra ; reconduisez-le à sa place et répétez l'ordre (*voir p. 44-46*).

1 ◁ Placez le chien en position assise et ordonnez « assis-attends ». Évitez le mot « reste » que le chien pourrait confondre avec l'ordre « reste jusqu'à mon retour ».

Le chien voit la récompense dans la main droite.

2 ▷ Éloignez-vous du chien de toute la longueur de la laisse et tenez-vous face à lui. Montrez-lui une friandise et appelez-le par son nom en ajoutant l'ordre « viens ici ».

Le chien se dirige vers vous et vers la friandise.

4 ▽ Maintenant, entraînez le chien à obéir sur une plus grande distance en tenant le chien attaché au bout d'une longe. Comme récompense, plutôt que de la nourriture, utilisez un jouet que le chien peut voir de plus loin.

La laisse n'est pas tendue mais vous pouvez tirer dessus pour stimuler l'obéissance.

La friandise est tenue près du corps pour maintenir le contact visuel.

3 ▷ Dès que le chien vous a rejoint, complimentez-le et donnez-lui l'ordre « assis ». Répétez les étapes plusieurs fois pour l'entraînement.

5 ▷ Quand le chien obéit aux ordres « viens » et « assis », récompensez-le en lui donnant un jouet, complimentez-le et soyez démonstratif. Ne soyez pas trop généreux quant aux récompenses -- jouet et nourriture – sinon le chien n'obéira que pour les récompenses.

Le chien s'asseoit docilement avant d'être récompensé.

63 DONNER L'ORDRE DE SE COUCHER

Cet ordre montre au chien que c'est vous qui commandez. Cela convient particulièrement aux situations où il est tenté par de nombreuses distractions. Il y a deux positions « couché » : le sphinx, où les pattes du chien sont repliées sous lui, et la position « à plat » où les hanches sont basculées et les jambes reposent sur un côté. Ces deux positions sont naturelles.

La poignée de la laisse est coincée sous les genoux.

1 Donnez au chien l'ordre « assis » ; agenouillez-vous à côté de lui et tenez-le par le collier pour le retenir. Ayez une friandise dans l'autre main.

La nourriture est tenue dans la main fermée pour que le chien ne l'attrape pas.

2 Placez la friandise sous le museau du chien, et faites-la descendre. Quand le chien a senti la nourriture, écartez la friandise au-devant du museau et du corps du chien.

Le chien s'abaisse pour rester au contact de la friandise.

3 Quand vous éloignez la friandise vers l'avant, le chien va naturellement s'étirer vers l'avant et se coucher. Complimentez-le et donnez-lui sa récompense. Répétez l'exercice jusqu'à ce que le chien obéisse à vos paroles sans récompense.

64 SI LE CHIEN REFUSE DE SE COUCHER

Pour le premier dressage, avec ou sans laisse, attendez-vous à devoir recommencer plusieurs fois l'exercice, surtout s'il s'agit d'un chiot. Si, après plusieurs essais, votre chien refuse toujours de s'allonger, encouragez-le en lui faisant prendre tout d'abord la « position du mendiant ». Puis, abaissez doucement le chien en position couchée « sphinx » ou « à plat ». Dites son nom et complimentez-le sans arrêt.

« Position du mendiant »

1 Pour lui faire prendre la position du mendiant, avant de le faire se coucher, agenouillez-vous près du chien et tenez-le confortablement par les pattes de devant. Rassurez-le avec des compliments et abaissez le chien en position couchée.

Maintenez les doigts sur les muscles des épaules du chien.

2 Faites-le descendre au sol en appuyant doucement sur son corps et en tirant sur ses pattes de devant. Maintenez une légère pression sur ses épaules pendant quelques instants après qu'il se fut couché. Complimentez-le et au moment de le lâcher dites « bien ». S'il se redresse, cessez les compliments et recommencez l'exercice.

65 LE COMPLIMENTER

Il est important de rassurer le chien et de lui montrer qu'il répond correctement aux ordres. Friandises, jouets, caresses et compliments vous aideront à renforcer cela. Si, pendant le dressage, votre chien fait exactement ce que vous attendez de lui, n'hésitez pas à lui montrer votre satisfaction.

△ CONTACT RASSURANT
Complimentez votre chien en lui donnant de longues caresses sur le flanc dans le sens du poil. Utilisez le plat de la main pour faire des caresses régulières.

◁ DES FRIANDISES DANS LA MAIN
La nourriture tenue au-dessus du nez du chien attirera très vite son attention, surtout s'il a faim.

66 DES RÉCOMPENSES APPROPRIÉES

Après quelques exercices de dressage, vous observerez très vite si votre chien répond mieux à la friandise ou au jouet. Attachez à votre ceinture un sac dans lequel vous aurez mis des friandises ou des jouets que vous pourrez lui donner sans interrompre le dressage.

ALIMENTS SECS

BISCUITS

BARRES À MÂCHER

BALLE

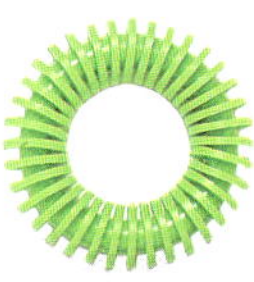

ANNEAU

OS

67 IL TIRE SUR SA LAISSE

« Mon chien ne cesse de tirer sur sa laisse ! » C'est un problème dont se plaint la majorité des propriétaires de chiens. La solution consiste à reprendre le dressage (*voir p. 44 à 49*) et l'ordre « au pied » (*voir p. 52 à 55*). N'essayez pas de lutter contre la force du chien, cela ne ferait que l'inciter à tirer de plus belle.

CHIEN EXCITÉ TIRANT SUR SA LAISSE

1 ◁ Faites marcher le chien sur votre côté gauche et tenez la laisse des deux mains. Quand le chien tire, faites glisser la main gauche vers le bas de la laisse et tirez fermement.

Tirez une fois en arrière, fermement.

Quelques petits coups secs sur la laisse et le chien se met en position.

Donnez-lui une petite friandise chaque fois qu'il vient au pied et s'asseoit sans tirer.

2 △ Quand le chien est dans la position « au pied », ordonnez-lui de s'asseoir. Puis, reprenez la marche. Essayez ensuite de le faire marcher au pied (*voir p. 52-53*).

3 ◁ Répétez la procédure « au pied » et « assis » chaque fois que le chien tire. Quand il commence à marcher au pied, doucement et sans tirer, récompensez-le avec une friandise et ainsi de suite.

68 LE FAIRE MARCHER AU PIED EN LAISSE

Apprendre à son chien à marcher « au pied » est une phase essentielle du dressage d'obéissance et un devoir pour un propriétaire de chien qui promène son animal en public. Certains maîtres aiment commencer sans laisse, (*voir p. 54-55*). Que vous commenciez avec ou sans laisse, ayez des friandises à portée de la main pour renforcer votre ordre.

1 ◁ Commencez ce dressage à l'intérieur ; agenouillez-vous en face du chien et faites-lui sentir la laisse. Passez la laisse à son collier et veillez à n'appliquer aucune tension à la laisse, pour l'instant.

4 ◁ Quand le chien marche au pied, donnez lui une récompense. Regardez-le dans les yeux, dites son nom et encouragez-le. Puis, donnez l'ordre de s'asseoir et complimentez-le. Augmentez progressivement la distance tant que le chien obéit à la série d'ordres « au pied ».

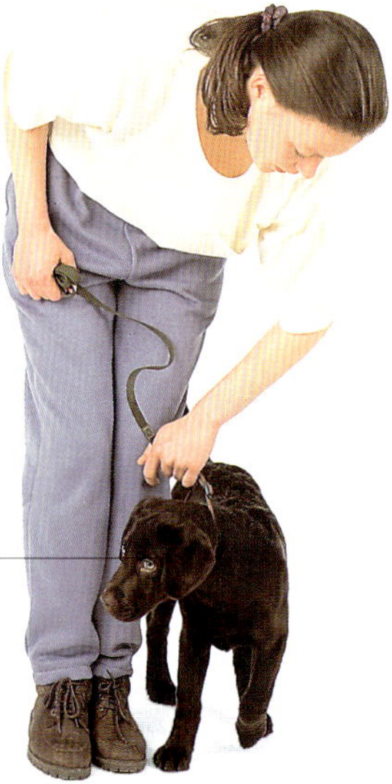

Le chien reste près des jambes de son maître.

5 ▷ Maintenant, essayez un virage simple sur la droite. Guidez le chien de la main gauche et donnez l'ordre « au pied ».

La main gauche est prête à glisser vers le collier.

2 ◁ Donnez l'ordre « assis ». Le chien est sur votre gauche ; tenez la laisse et une friandise dans la main droite sans tirer sur le collier. Tenez le mou de la laisse dans la main gauche.

Un petit coup en arrière sur la laisse

3 △ Commencez à marcher avec le chien à votre côté, puis donnez l'ordre « au pied ». Tirez gentiment sur la laisse ou le collier si le chien se précipite vers l'avant.

Le maître retient le chien par le collier.

Gardez le chien près de vos jambes tout au long de l'exercice.

6 ▷ Pour tourner à gauche, accélérez votre pas et tenez une friandise au-devant du nez du chien pour le faire ralentir. Gardez le chien tout prêt de votre jambe gauche et donnez l'ordre « doucement » pour le faire ralentir.

69 AU PIED SANS LAISSE

Quand vous marchez avec votre chien, vous devez être constamment en mesure de le contrôler. En dressant votre chien avec une laisse pour qu'il marche au pied, vous facilitez ce contrôle, même si c'est également un véritable plaisir que de voir son chien marcher docilement à son côté sans laisse. La plupart des chiens, particulièrement à un jeune âge, suivent naturellement leur maître, surtout s'ils voient que cela va leur rapporter une friandise. Ayez toujours une friandise à portée de la main ; faites en sorte que les sessions de dressage soient agréables, courtes et fréquentes : pas plus de quinze minutes, jusqu'à quatre fois par jour. Dressez votre chien dans un endroit tranquille, si possible loin de la foule.

Il est essentiel de regarder le chien dans les yeux.

1 △ Gardez le chien sur votre côté gauche et tenez son collier de la main gauche. Attirez son attention en l'appelant par son nom et en lui montrant la friandise.

Le maître répète l'ordre « assis » et l'encourage.

Le bras fait aller le chien vers la droite et permet le virage à droite.

Le chien ne quitte pas la friandise du nez.

4 ▷ Pour stimuler un virage à gauche, fléchissez les genoux et tenez la nourriture près du nez du chien. Exécutez le virage en répétant la commande « au pied ». Le chien devra accélérer pour tourner autour de vous.

L'odeur de la nourriture maintient le chien en mouvement.

Le bras empêche le chien de se précipiter vers l'avant.

2 △ Marchez suivant une ligne droite avec le chien qui suit la friandise. Lancez l'ordre « au pied ». Laissez pendre la main et baissez-vous, prêt(e) à saisir le chien par le collier.

3 △ Donnez l'ordre « attends » et agenouillez-vous à droite du chien. Abaissez la friandise pour dissuader le chien de sauter. Placez la main gauche sous le ventre du chien près de ses cuisses, paume tournée vers le bas, pour empêcher tout mouvement vers l'avant.

Le chien ralentit quand il reçoit la récompense.

5 ▷ Pour tourner à gauche, guidez le chien en tenant son collier dans la main gauche tout en ordonnant « reste ». Tenez une friandise assez bas et déplacez la main droite sur votre gauche. Le chien devrait suivre la récompense. Effectuez cet exercice de marche plusieurs fois.

70 Rencontre avec les enfants

Les enfants sont plus exposés aux morsures de chiens parce qu'ils sont plus petits et moins imposants que les adultes. Expliquez à tout enfant, qui veut caresser votre chien que certains chiens peuvent être agressifs et que, par conséquent, il ne faut jamais se précipiter vers un chien, ni crier ou lui donner des tapes sur la tête. Le chien ne doit être mis en présence de l'enfant que sous le contrôle d'un adulte. Vous pouvez autoriser l'enfant à caresser le chien de côté mais pas de face. Complimentez le chien s'il se comporte bien, mais soyez prêt à le retirer s'il grogne ou essaie de mordre.

L'adulte doit être présent en permanence.

71 Rencontre avec les autres chiens

Soyez prudent quand votre chien rencontre un autre chien. La plupart des chiens s'entendent avec leurs congénères, mais l'importance de la notion de territoire chez les mâles les conduit souvent à se battre entre eux. Les bagarres sont plus probables entre chiens du même sexe, de taille semblable et du même âge. Évitez que la laisse ne soit tendue et complimentez votre chien quand il se contente de renifler d'autres chiens sans montrer aucun signe d'agressivité.

Une laisse tendue stimule l'agressivité du chien.

72 DES GOÛTS ALIMENTAIRES DOUTEUX

Il arrive que des chiens trouvent les déjections animales plutôt appétissantes et certains d'entre eux, comme le Golden Retriever, mangent naturellement le crottin de cheval et la bouse de vache. Quand vous voyez votre chien se comporter de la sorte, commencez par lui ordonner « non ». S'il prend le crottin, dites « lâche ». Surprenez-le avec un pistolet à eau ou distrayez-le avec un jouet pour renforcer votre ordre. Il peut arriver que quelques chiens mangent leurs propres déjections (ou même celles d'un autre chien). Pour débarrasser votre animal de cette mauvaise habitude, versez de la sauce piquante sur un étron frais.

La sauce piquante déplaît fortement au chien.

73 UNE MAIN FERME

Afin de renforcer vos ordres, des signes de la main, d'autres gestes en général et certains accessoires peuvent servir à faire comprendre à votre chien qu'il se comporte mal ou qu'il n'est pas obéissant. Les pulvérisateurs pour plantes, les pistolets à eau, les sifflets, les alarmes et les jouets sont autant de distractions utiles qui vous aideront à discipliner votre chien, en plus des ordres « non » ou « arrête ». Ne punissez pas un chien physiquement pour un comportement importun. Une attitude dominante, un ton sévère et une petite giclée d'eau ou un coup de sifflet seront suffisants.

PULVÉRISATEUR POUR PLANTES

ALARME

PISTOLET À EAU

JOUET

LES JEUX ET L'EXERCICE

74 UN JOUET À MORDILLER

Les chiens adorent mordiller, tirer sur quelque chose et courir après les objets qu'on leur lance. Veillez à ce que votre chien joue ou prenne de l'exercice avec un jouet que vous aurez choisi plutôt qu'avec un objet de la maison. Un os à mâcher exerce les mâchoires, alors que les poignées à tirer sont parfaites pour les jeux de traction. Les balles et les Frisbee sont très appréciés ; ils s'amuseront à courir après et à les rapporter.

BALLE EN CAOUTCHOUC

OS EN PLASTIQUE

POIGNÉE DE TRACTION

75 DES JOUETS APPROPRIÉS

Il existe des jouets conçus pour être distrayants et sans danger pour les chiens. Limitez l'utilisation de tout jouet pour ne pas encourager la possessivité chez votre chien.

- Évitez les balles et les jouets qui peuvent être facilement détruits ou avalés.
- Ne donnez au chien ni vieilles chaussures ni vieux vêtements, car il s'attendra à pouvoir mordiller également les articles neufs.

Placez du fromage à tartiner dans l'os creux.

76 CONFECTIONNER UN JOUET À MODILLER

Un os creux constitue un excellent substitut aux jouets manufacturés. Après vous être assuré qu'il a été stérilisé, fourrez-le avec du fromage à tartiner. Montrez l'os à votre chien et il sentira qu'il y a à manger à l'intérieur, puis placez l'os par terre. C'est un jouet idéal pour les chiens « seuls à la maison » qui se consacreront activement à cet exercice de mastication pour atteindre la nourriture.

OS À MOELLE

77 JOUER À LA BALLE OU AU FRISBEE

Courir après un Frisbee qui vole en rase-mottes ou après une balle qui rebondit est un excellent exercice et un jeu en plein air que votre chien adorera. Trouvez un endroit où il disposera de tout l'espace dont il a besoin pour se dépenser. Les jeux de « attrape et rapporte » sont parfaits pour tester les réactions et l'obéissance de votre chien, canaliser ses instincts de sauteur naturel, réduire ses tendances destructrices et vous aider à affirmer votre autorité.

FRISBEE

JEU DE « ATTRAPE ET RAPPORTE »

78 ESSAYER LE TIR À LA CORDE

Les chiens inactifs ou ceux qui s'ennuient sont sujets à des sautes d'humeur destructrices. Un jeu de tir à la corde permet de canaliser cette énergie en un exercice positif. Il est important que vous gagniez à chaque fois, sans quoi le chien mettrait en doute votre statut de dominant, et votre autorité.

LÂCHER AVANT DE TIRER
Ne jouez au tir à la corde que lorsque votre chien aura appris à lâcher un objet sur votre ordre.

CORDE À NŒUDS POUR TIRER

79 EXERCICE QUOTIDIEN

Quand votre chien a assimilé le dressage à l'obéissance, sortez-le au moins une fois par jour pour lui faire prendre de l'exercice en laisse. Laissez-le courir sans laisse dans un endroit autorisé. Amenez une balle ou un Frisbee pour motiver un exercice plus vigoureux, dans un espace que vous pouvez contrôler et pour une durée assez courte.

◁ SANS LAISSE
Faites faire un exercice vigoureux au moins une fois par jour, ainsi que des marches fréquentes.

△ EN LAISSE
Une laisse à enrouleur permet à votre chien de se dépenser même en présence d'autres chiens.

80 LE FAIRE COURIR

Entraînez votre chien à courir « au pied ». C'est un exercice gratifiant et divertissant pour le chien, et pour vous-même. Si vous courez dans des zones urbaines ou le long de routes, soyez prudent et respectez le code de la route. Si vous courez à la campagne, veillez à ce que votre chien ne pourchasse pas les animaux des fermes ni ne traverse les champs cultivés. C'est là que le dressage de la « marche au pied » prend toute son importance. Si vous doutez de l'obéissance de votre chien, mieux vaut le tenir en laisse quand vous sortez pour un jogging.

Veillez à ce que le chien reste tout près de vous.

VOYAGES ET VACANCES

CAISSE DE VOYAGE

81 LA CAISSE DE VOYAGE

Pour les voyages en avion ou en voiture, les chiens entraînés à voyager dans une caisse pourront voyager dans leur caisse habituelle. Sinon, il vous faudra trouver un panier de voyage spécialement conçu pour les petits chiens. La caisse (*ci-contre*) est équipée d'une poignée, d'un verrou et de fentes d'aération ; les angles sont arrondis pour faciliter le nettoyage et agrandir l'habitacle.

82 INSTALLER UNE GRILLE DE VOITURE

Vous pouvez acheter une grille de sécurité spéciale qui permet de garder les chiens à l'arrière d'un véhicule break ou d'une voiture avec hayon arrière. Ceci évitera à votre chien d'être projeté à l'avant de la voiture en cas de freinage brusque et vous permettra de garder propres les sièges de votre voiture.

GRILLE DE SÉCURITÉ POUR VOITURE

CEINTURE DE SÉCURITÉ

83 CEINTURES DE SÉCURITÉ POUR CHIENS

Vous pouvez installer des ceintures de sécurité spéciales pour chiens qui réduiront considérablement les risques que votre chien ne se blesse dans un accident. Cette ceinture de sécurité est très utile si votre voiture ne permet pas l'installation d'une grille de sécurité. Elle empêche également le chien de vous distraire pendant que vous conduisez. Autrement, vous pouvez attacher sa laisse, passée à son collier, au point d'ancrage de la ceinture de sécurité de la voiture. Ceci limitera également tout déplacement intempestif dans la voiture.

RECOUVRIR LE SIÈGE

84 POUR VOYAGER EN VOITURE

Pour habituer votre chien à la voiture, emmenez-le régulièrement pour de petites excursions.

- Évitez de le nourrir avant de voyager.
- Couvrez les sièges et le plancher du véhicule avec des journaux ou des serviettes.
- Utilisez un store pour les journées chaudes et ensoleillées.
- N'oubliez pas d'emporter un grand récipient en plastique pour lui donner à boire.
- Arrêtez-vous toutes les deux ou trois heures pour qu'il puisse se désaltérer, se dégourdir et faire ses besoins si nécessaire.

85 CONTRÔLE DE L'ÉCHAUFFEMENT

Quand ils ont chaud, les chiens ne régulent pas leur température en transpirant ; tout ce qu'ils peuvent faire, c'est haleter. En cas de coups de chaleur, ils peuvent mourir subitement d'échauffement. Été comme hiver, une voiture surchauffée peut se transformer en piège mortel pour un chien. Utilisez un store de voiture pour la protection contre le soleil. Un intérieur de voiture ombragé aura également un effet apaisant sur les chiens nerveux. Ne laissez jamais une voiture sans surveillance par temps chaud, – même à l'ombre, avec une fenêtre juste entrouverte –, et en hiver, avec le chauffage.

PARE-SOLEIL POUR VOITURE

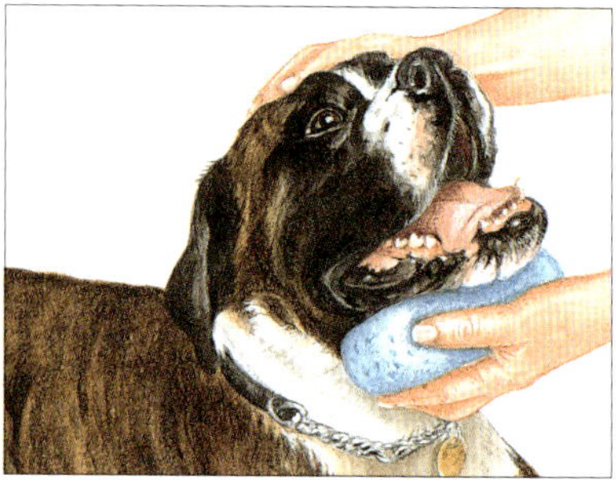

APPLIQUER UNE ÉPONGE HUMIDE

86 EN CAS DE COUP DE CHALEUR

Halètements et salivation sont les signes les plus révélateurs d'un mauvais coup de chaleur. En présence de tels symptômes, sortez immédiatement le chien du lieu surchauffé. Nettoyez la salive qui s'est accumulée autour de sa gueule pour l'aider à respirer et passez-lui une éponge imbibée d'eau fraîche autour de la tête. Si possible, enveloppez le chien dans une serviette humide mais pas glacée. Versez de l'eau froide sur la serviette pour prévenir tout échauffement supplémentaire. Donnez-lui à boire.

Le gilet de sauvetage aide le chien à flotter.

87 EN SÉCURITÉ SUR L'EAU

Si vous emmenez votre chien sur un bateau pour une excursion assez loin du rivage, en mer, sur un lac ou sur toute autre étendue d'eau, passez-lui un gilet de sauvetage autour du corps. Les chiens sont d'excellents nageurs sur de courtes distances mais ils peuvent se noyer d'épuisement s'ils ont à nager très longtemps. Au cas où le chien viendrait à passer par-dessus bord, un gilet de sauvetage lui permettra de flotter jusqu'à l'arrivée des secours.

88 INVITATION À LA RANDONNÉE

Si vous partez pour une longue balade ou randonnée, vous pouvez acheter des sacoches spéciales, que votre chien portera sans aucune gêne sur de longues distances. Dans ce sac à dos pour chiens, vous pourrez mettre sa gamelle, sa nourriture et des ustensiles. Ces sacoches sont confortables à porter et s'attachent avec des sangles. Pour partir pour une telle randonnée, votre chien doit être en bonne forme.

SAC À DOS

89 LES RISQUES DE RAGE

Peu de pays ont réussi à éradiquer la rage, et ceux qui y sont parvenus sont principalement des îles ou des péninsules. La rage est la plus dangereuse des zoonoses, c'est-à-dire des maladies qui se transmettent d'un animal à l'autre, y compris à l'homme. Le porteur le plus commun est le renard ; il transmet le virus par la salive en mordant. Les symptômes de la rage sont des changements de comportement et une salivation excessive. Les chiens doivent obligatoirement être vaccinés contre la rage dans les pays où la maladie est toujours active. Dans les régions touchées par la rage, les personnes susceptibles d'être mordues par des chiens doivent également être vaccinés.

90 LA QUARANTAINE

Si vous emmenez un chien dans un pays étranger, votre animal risque d'être mis en quarantaine pendant plusieurs mois à la frontière du pays. Renseignez-vous bien à ce sujet avant de partir. Il vous sera également demandé de prouver que votre chien a été vacciné contre la rage, au moins quatre mois avant votre arrivée. Les frais de quarantaine sont assez coûteux et vous devrez également payer les taxes de débarquement au port ou à l'aéroport, les frais de déchargement à l'aéroport, les transports et l'assurance vétérinaire, ainsi que les vaccins antirabiques.

La Santé et les Soins

91 En bonne santé

Vous pouvez effectuer vous-même l'examen vétérinaire mensuel de votre chien (tel qu'il est décrit ci-après), mais il est également conseillé de prendre rendez-vous pour votre chien chez votre vétérinaire pour un examen annuel.

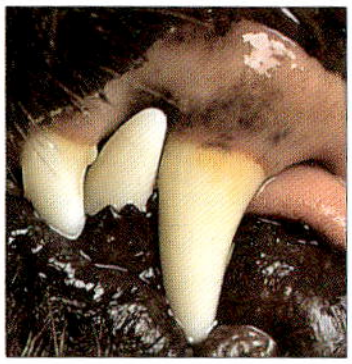

Dents et Gencives
Attention à la mauvaise haleine, la salivation, les inflammations des gencives et des dents.

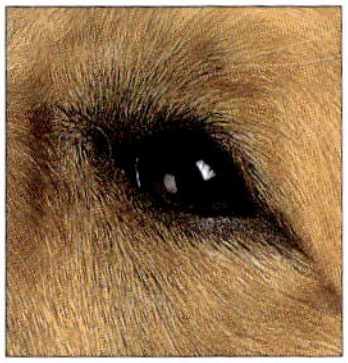

Les Yeux
Les yeux doivent être brillants, propres, sans larmes ni rougeurs.

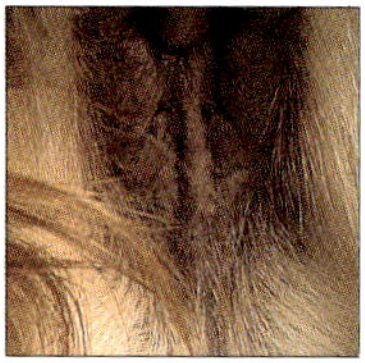

La Région Anale
Vérifiez qu'il n'y a pas de vers dans les excréments ni de grains blancs sur le pourtour de l'anus et pas de diarrhées persistantes.

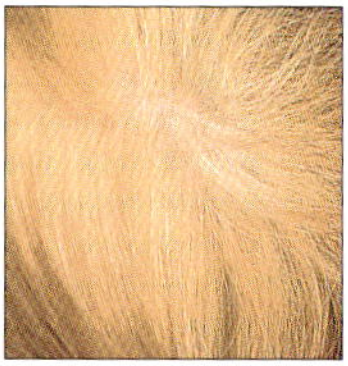

Les Démangeaisons
Attention aux chiens qui se grattent avec trop d'insistance, qui se mordillent ou se lèchent soudainement. Cherchez la cause de toute rougeur ou perte de poils importante.

Les Signes d'une Bonne Santé
Les chiens en bonne santé sont vifs et débordants d'énergie, même s'ils sont heureux de passer une bonne partie de la journée couchés.

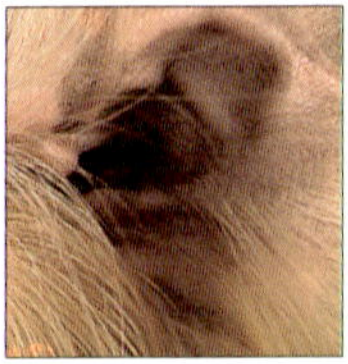

LES INFECTIONS DES OREILLES
Examinez tout écoulement du canal de l'oreille et toute enflure du pavillon de l'oreille ; inspectez également les oreilles au cas où votre chien secouerait la tête anormalement. Un manque d'obéissance aux ordres peut être dû tout simplement à un problème d'audition.

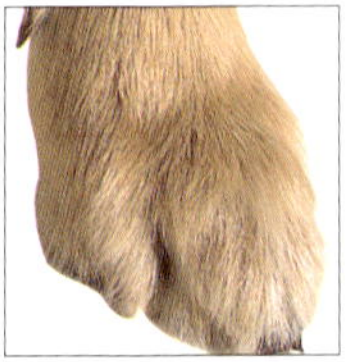

LES PATTES
Examinez les pattes pour voir les éventuelles coupures ou brûlures des coussinets ainsi que les griffes cassées ou abîmées.

92 LES PUCES

Les puces vivent dans les tapis et dans les chaises capitonnées. Elles sautent sur les chiens pour se nourrir. Inspectez le pelage ou la couche du chien pour y chercher ces parasites. Traiter avec un insecticide le pelage. Nettoyez la couche et son voisinage immédiat à l'aspirateur.

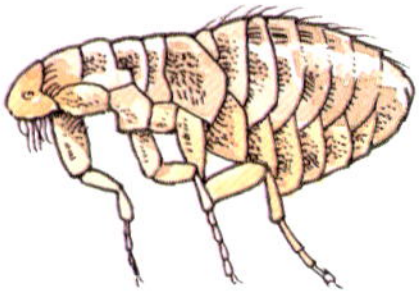

PUCE ADULTE
Des pulvérisations d'insecticide biologique sur la couche du chien empêcheront l'éclosion des œufs de puces.

93 AOÛTATS ET TIQUES

Ces parasites provoquent des démangeaisons, des éruptions cutanées, des inflammations et des enflures. Si votre chien a des aoûtats ou des tiques, faites-lui prendre un bain avec un shampooing insecticide et lavez sa couche. Appliquez de l'éther sur les tiques et retirez le parasite en décrochant la tête avec une pince à épiler.

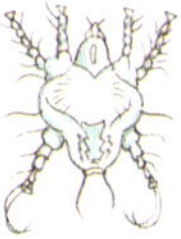

AOÛTAT

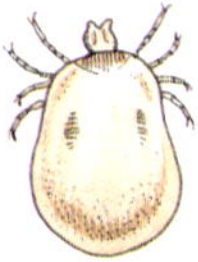

TIQUE

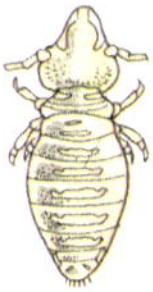

POU

94 CONTRE LES VERS

Un traitement vermifuge régulier suffira pour débarrasser votre chien de la plupart de ces parasites internes. Cependant, l'élimination de certains vers requiert des médicaments spéciaux ; consultez votre vétérinaire qui établira un diagnostic et vous conseillera sur les infestations les plus graves.

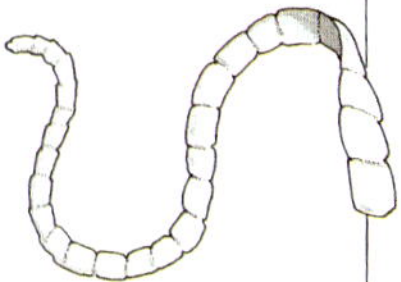

△ LE TÉNIA
Les œufs de ce parasite ressemblent à des grains de riz. On les trouve autour de l'anus du chien ou bougeant dans ses excréments.

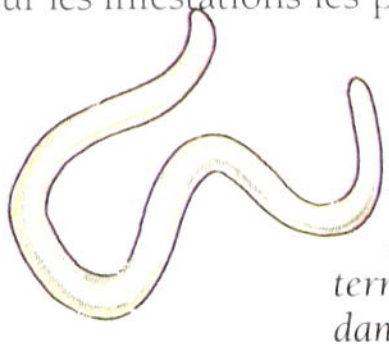

◁ L'ASCARIS
Parasite qui ressemble à un ver de terre de couleur blanchâtre. Il est visible dans les déjections du chien.

95 Matériel de premiers secours

Il est recommandé à tous les propriétaires de chiens de disposer d'un nécessaire de premiers secours dont le contenu doit permettre d'atténuer les douleurs du chien ou de stabiliser son état en attendant le vétérinaire.

96 Traitement des morsures

Le cou, la gueule, les oreilles et le poitrail sont les parties du corps les plus souvent exposées aux morsures. Si votre chien s'est battu, laissez-lui le temps de se calmer avant de l'examiner. Les dents de chiens font des morsures nettes ; ce qui permet d'examiner facilement la plaie et les tissus abîmés. En cas de blessure profonde, il faut faire appel à un vétérinaire. (La meilleure façon de séparer des chiens qui se battent est de les arroser avec un seau d'eau ou de les asperger).

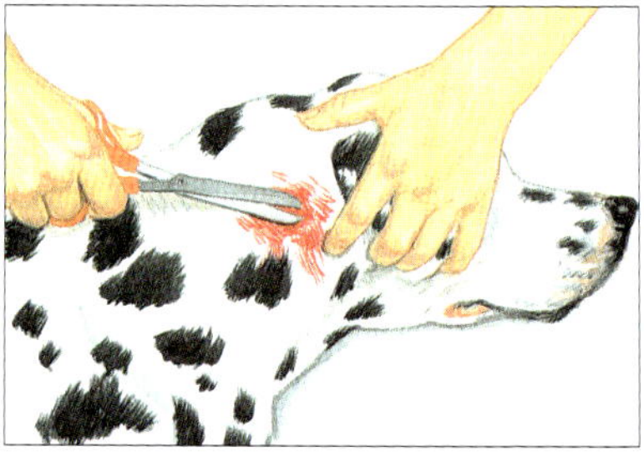

1 Si la morsure est profonde, allez voir un vétérinaire pour un traitement antibiotique. Mais, avant tout, écartez les poils proches de la blessure : les poils entrant dans la blessure pourraient provoquer une infection.

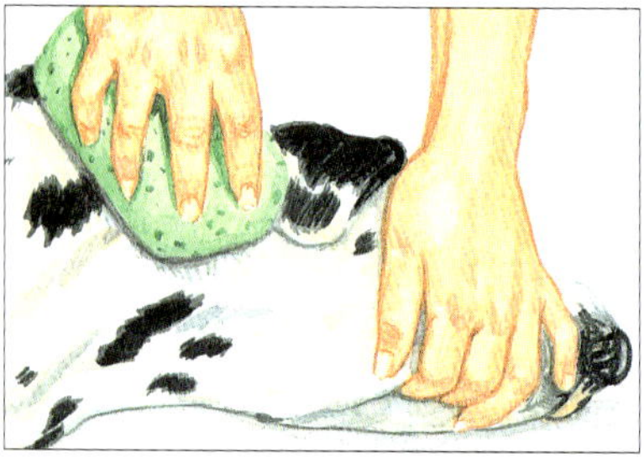

2 Lavez soigneusement la région infectée avec de l'eau chaude et un désinfectant cutané doux. Appliquez un gel soluble à l'eau pour écarter les poils de la blessure.

3 Si la peau du chien est plutôt lacérée, appliquez une crème antiseptique sur la plaie. Attendez-vous à voir apparaître des ecchymoses par la suite.

97 PIQÛRES D'INSECTES

Les piqûres de guêpes, de frelons et d'abeilles sont fréquentes. Elles sont douloureuses et provoquent des enflures. Les emplacements habituels de ces piqûres sont la tête et la gueule. Il arrive que certains chiens soient allergiques à ces piqûres et développent une mauvaise réaction. En cas d'enflure importante au niveau de la gueule et de la gorge, des soins vétérinaires d'urgence seront nécessaires.

RETIRER LE DARD AVEC UNE PINCE À ÉPILER

98 PRENDRE DES MÉDICAMENTS

Certains chiens peuvent être assez rusés pour garder dans la gueule les cachets qu'on leur fait prendre et aller les cracher plus tard. Si votre chien se comporte de la sorte, une bonne ruse consiste à dissimuler le cachet dans un morceau de viande, un bout de pain, ou même d'enrober le cachet de chocolat fondu.

1 △ Dirigez-vous vers votre chien ; ne lui demandez pas de venir vers vous. D'une main, ouvrez-lui gentiment la gueule et, de l'autre, laissez tomber le cachet au fond de sa gueule.

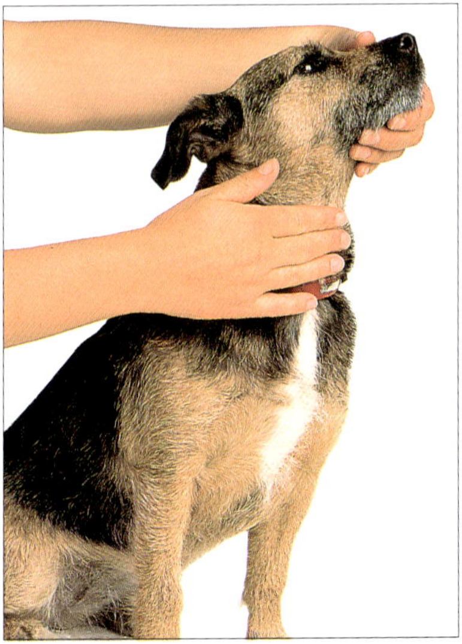

2 ▷ Maintenez la gueule du chien bien fermée et relevez-lui légèrement la tête. Caressez-lui la gorge et attendez qu'il ait avalé et se lèche les babines. Puis complimentez-le pour avoir avalé.

99 Museler et calmer un chien blessé

Il se peut que certaines occasions malheureuses requièrent d'improviser une muselière pour votre chien. Si votre chien a été heurté par un véhicule, il souffrira beaucoup et voudra peut-être mordre ; dans ce cas-là, improvisez une muselière avant d'essayer de l'examiner ou de le déplacer dans un lieu plus confortable. Enroulez un bandage ou une écharpe autour de son museau, nouez-le une fois sous la mâchoire inférieure, puis une autre fois sur la nuque. Vous pouvez maintenant examiner ses blessures et chercher de l'aide. Dans le cabinet du vétérinaire, si votre chien est effrayé, il sera plus rassurant pour la personne qui doit le tenir de museler le chien. La meilleure muselière est un bandage pris dans votre trousse de premiers secours (*voir p. 66*).

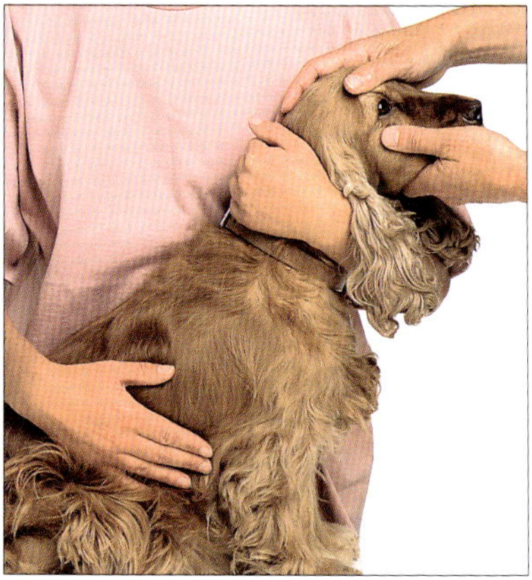

1 Pendant l'examen chez le vétérinaire, il est préférable que vous, ou une assistante, teniez le chien et que vous prononciez des paroles de réconfort. Cela devrait suffire pour tranquilliser le chien sans avoir à l'immobiliser.

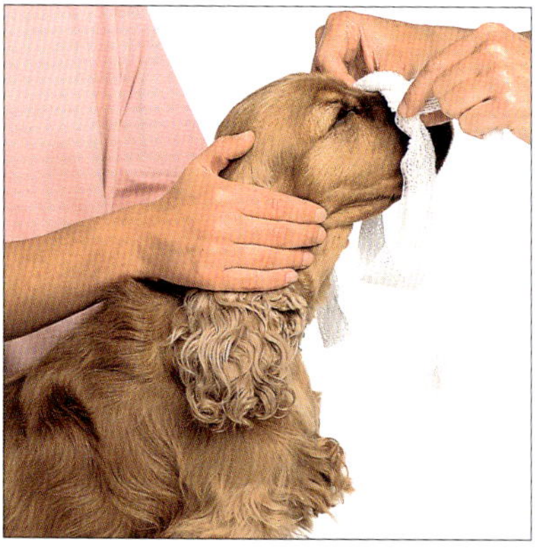

2 Si le chien est très choqué, il est plus sûr, pour la personne qui le tient, de le museler. Dans ce cas, faites une grande boucle avec un bandage et passez-la autour du museau du chien. Nouez la boucle sur le dessus.

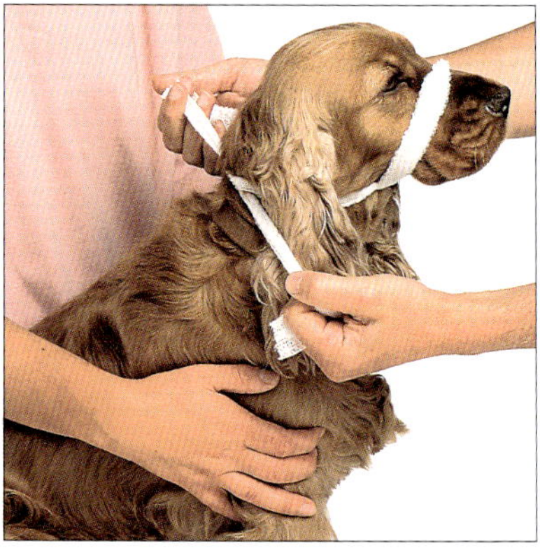

3 Faites passer les extrémités du bandage sous la mâchoire inférieure. Faites une autre boucle sous la mâchoire et nouez solidement derrière la nuque. (Une écharpe ou une cravate fera l'affaire).

100 CIVIÈRE POUR CHIEN BLESSÉ

Si votre chien est renversé par une voiture, ne paniquez pas. Improvisez une civière avec une couverture ou une veste pour transporter le chien à l'abri.

- Muselez-le avec une écharpe ou un bandage.
- Examinez s'il saigne ou si ses membres présentent des fractures.
- Ne manipulez pas un membre cassé.
- Demandez à quelqu'un de vous aider à soulever l'animal.

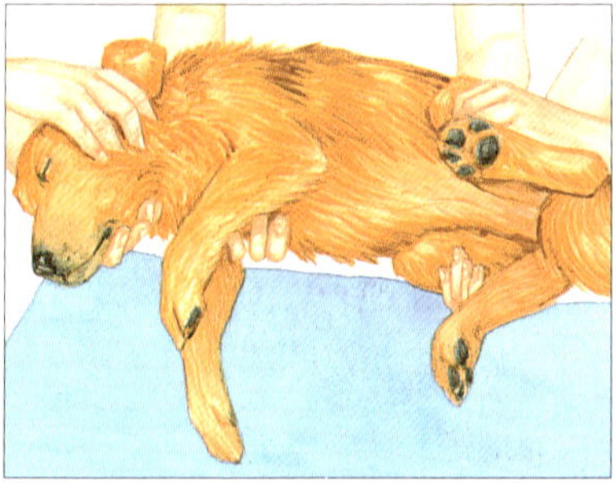

1 Une fois que vous avez évalué l'état du chien, faites-vous aider par quelqu'un pour soutenir son poids et le déposer sur une couverture ou une veste. Évitez de toucher ses blessures.

2 Soulevez-le très doucement et portez-le jusqu'à une voiture pour le conduire chez le vétérinaire. Si vous êtes seul(e), placez le manteau sur le dos du chien et déplacez celui-ci sur la civière par le cou et les hanches.

101 QUAND ALLER CHEZ LE VÉTÉRINAIRE ?

Tout propriétaire de chien doit amener son chien chez le vétérinaire pour une visite médicale au moins une fois par an. S'il est victime d'un accident, même s'il n'y a pas de blessure ou de saignements apparents, emmenez-le immédiatement pour lui faire passer un examen. Tous les vétérinaires sont reliés à un service d'urgence ouvert 24 h/24. L'animal peut présenter des blessures internes ou des fractures que seul un professionnel sera en mesure de diagnostiquer. Prenez rendez-vous :

- Pour des conseils d'expert en diététique.
- Pour des conseils sur la reproduction.
- Si votre chien titube ou tombe.
- S'il saigne ou est pris de vomissements.
- Si la douleur est intense/l'enflure anormale.
- S'il s'étouffe ou se frotte la gueule avec ses pattes.

Le stéthoscope permet d'ausculter l'animal.

INDEX

Crédits Photographiques

Photographies

Code : h *haut*, b *bas*, c *centre*, d *droite*, g *gauche*.

L'ensemble des photographies a été réalisé par
Andy Crawford, Steve Gorton, Tim Ridley,
excepté :
Jane Burton 12, 13, 15h, 72 ;
Guide Dogs for the Blind Association 9hg ; Dave King 3, 7, 8bg, 11, 61b ;
Tracy Morgan 10h ; Stephen Oliver 21h, 24b ;
Steve Shott 1, 29b, 30b, 66h ;
David Ward 8hd, 9b, 10b, 21b, 56b, 60hg ; Jerry Young 14 bg.

Illustrations

Rowan Clifford 66, 67, 69 ; Chris Forsey 63, 65 ; Janos Marffy 38.